STAAT 3.0 · PROF. DR. HEIKO KRÜGER

PROF. DR. HEIKO KRÜGER

STAAT 3.0

Inwiefern Künstliche Intelligenz schon bald Abgeordnete, Richter, Beamte und Anwälte ersetzen kann

PLASSEN
VERLAG

Gestaltung Cover: Daniela Freitag
Gestaltung, Satz und Herstellung: Sabrina Slopek
Vorlektorat: Elke Sabat
Korrektorat: Sebastian Politz
Druck: GGP Media GmbH, Pößneck

ISBN 978-3-68932-000-3

Bibliografische Information der Deutschen Nationalbibliothek:
Die Deutsche Nationalbibliothek verzeichnet diese Publikation in der Deutschen Nationalbibliografie; detaillierte bibliografische Daten sind im Internet über <http://dnb.d-nb.de> abrufbar.

BÖRSEN MEDIEN
AKTIENGESELLSCHAFT

Postfach 1449 • 95305 Kulmbach
Tel: +49 9221 9051-0 • Fax: +49 9221 9051-4444
E-Mail: info@plassen-buchverlage.de
www.plassen.de
www.facebook.com/plassenbuchverlage
www.instagram.com/plassen_buchverlage

Für meine Eltern

INHALT

EINLEITUNG 11

TEIL 1 JAGS 17

1.1 Ein technisches Mirakel 19

1.2 Der Traum von einer sozialen Weltformel 21

1.3 Die Grenzen einer Künstlichen Superintelligenz 25

TEIL 2 FÜHRUNG UND KONTROLLE: STRUKTUREN GESELLSCHAFTLICHER LENKUNG 27

2.1 Fokus 29

2.2 Von Makrosoziologen und geplatzten Träumen 33

2.3 Auf der Jagd nach Erkenntnis 37

2.4 Die Grobmechanik der Gesellschaftssteuerung oder: Von den Kissen und Federn des Weißen Hauses 39

Wie Steuerungsapparate unsere Welt formen 40

Steuerungsprozesse: Die Pfade der Macht 41

2.5 Vom Ende der Theorie 45

TEIL 3 STEUERUNG IM DIGITALEN ZEITALTER: BITS UND BYTES, DIE GESELLSCHAFTEN LENKEN 49

3.1 Hinter den Glasfronten des MIT 51

3.2 Echo der Gesellschaft:
Digitale Impulse für politische Reaktionen 55
Technologiebasierte Problemdefinition für moderne Politik 57
Digitale Dirigenten: KI-geleitetes Agenda-Setting? 60
3.3 Rechtsschöpfung durch KI und Co:
Die Zukunft der legislativen Planung 63
Die Vision 65
Wahre Gesetzgebungsmaschinen 66
Die Komplexität und Veränderlichkeit der Welt 68
Die Imitation der Planungskreise 69
Menschliche Schwarmintelligenz 72
Das Gespenst der postfaktischen Politik 73
3.4 Smarte Gesetzgebungstechnologien 77
Intelligente Forschungs- und Recherchetools 78
Digitale Zwillinge 82
Normierungstechnologien 83
3.5 Die Steuerungsentscheidung 87
3.6 Digitale Wächter und Vollzieher des Rechts:
Die neue Ära der Rechtsumsetzung 91
Technologischer Aufbruch 93
Schneisen in die Zukunft 94
Was da noch wartet 97

3.7 Rechtsanwendungstechnologien 101
Der erste Automatisierungsschub 102
Auswirkungen auf uns Bürger 105
3.8 Entscheidungstechnologien 109
Chancen des KI-Zeitalters 110
Die große Skepsis 112
Der juristische Kernbereich 114
Die Robustheit des juristischen Kernbereichs 116
Anforderungen an zukünftige Maschinengenerationen 117
Entwicklung zukünftiger Maschinengenerationen 121
Die Zeichen der Zeit 123
3.9 Kontra Maschinen 129
Das Primat der menschlichen Revision 130
Vom Ende des Gesetzes 131
Das Blackbox-Problem 132

TEIL 4 DIE STABILITÄT DES STAATES IM ZEITALTER DER DIGITALISIERUNG: RÜCKBLICK UND NEUBEWERTUNG 135
4.1 Die Zehnerjahre: Grüße aus der Zukunft 137
4.2 Ein sich lohnender Rückblick: Der Arabische Frühling und der demokratische Horizont 139
4.3 Die liberalen Demokratien 143
4.4 Risse, Erosion und Transformation: Düstere Visionen 147
4.5 Update: Das Rückgrat liberaler Demokratien 149
Der Glaube an die demokratische Grundordnung und die Transformation in autoritäre Regierungsformen ... 149
Die Verformung des Volkswillens 153
Künstliche Intelligenz in der Kommunikation mit dem Wähler 155
Künstlich-intelligente Wahlempfehlungssysteme 157
Milderung und Abwehr von Bedrohungen 159

4.6 Vitalisierung der Demokratie 163
Demokratische Exoten 164
Direkte Demokratie: Neue Horizonte? 165
Parlament und Volk: Die neue Balance 167
Digitale Bürgerbeteiligung: Eine Sackgasse? 170
4.7 Der soziale Stoff, der uns zusammenhält:
Neue Aussichten 175
KI und die Arbeitswelt: Eine Neubewertung 178
Wirtschaftliche Ungleichheit: Wie gefährlich ist die sich vertiefende Kluft tatsächlich? 180

AUSBLICK IN EIN ZEITALTER DIGITALER STEUERUNG 183

ENDNOTEN 195

LITERATURVERZEICHNIS 221

EINLEITUNG

Ich wurde Mitte der Siebzigerjahre in die sanft hüglige Landschaft der Altmark hineingeboren. Abgesehen von so mancher Scheidung hatten wir Kinder des Ostens, die der zweiten Nachkriegsgeneration, nicht viel auszustehen. Sicherlich fehlte uns so manche Banane, Mango und der zarte Schmelz in der Schokolade. Das machte uns aber noch lange nicht zu Unglückswürmern. Die Schlagbäume und Fesseln des Kommunismus warteten jedoch unmerklich auf unser Älterwerden. Nördlich und westlich Salzwedels, meiner Heimatstadt, zog sich eine unüberwindbare Barriere durch die Wälder, der Eiserne Vorhang. Bis in die späten Achtzigerjahre teilte er Deutschland, Europa und irgendwie den ganzen Erdball in zwei Lager. Stacheldraht und Mauern sollten aufhalten, was am Ende nicht aufzuhalten war: die Implosion marxistischer Ideen und der Autokratien, die sich darauf stützten. Letztlich bedurfte es nur eines einzigen Tores, das im Spätsommer 1989 im ungarisch-österreichischen Grenzland aufgestoßen wurde, um die kritische Phase einer Dynamik einzuleiten, an deren Ende alle Machthaber des Ostblocks entthront wurden und dieser selbst kollabierte.

Lange Zeit schien der damalige Zusammenbruch der kommunistischen Systeme die markanteste Wendung zu sein, die die Geschichte vor meinen Augen vollführen würde – aber weit gefehlt. Je mehr ich die Augen öffne, desto mehr bemerke ich, dass die Geschichte in diesen Tagen eine Wendung nimmt, die den Fall der Mauer und die folgende Transformation des Ostblocks noch verblassen lässt. Mit ihr verglichen schrumpft der Kommunismus zu einem Intermezzo der Historie, zu einem untauglichen, für viele gleichwohl einschneidenden Versuch, unsere Spezies in die Zukunft zu führen.

Derzeit werden wir Zeugen eines wahrhaft epochalen Umbruchs. Er ist vergleichbar mit anderen anthropologischen Großereignissen wie der Ausbreitung des Ackerbaus, der Erfindung des Buchdrucks oder der Entdeckung der Elektrizität. Die Rede ist von der Digitalisierung. Seit geraumer Zeit schleicht sie sich in unser Leben und entfaltet mit dem Aufkommen Künstlicher Intelligenz ihr wahres Potenzial. Sie hat begonnen, die Art und Weise, wie wir kommunizieren, lernen, arbeiten, altern und sowohl kreativ als auch wissenschaftlich tätig sind, zu überformen. ChatGPT, Google Gemini und Claude gehören zu ihren ersten künstlich-intelligenten Formen, auf die wir alle zugreifen können. Zahlreiche weitere werden hinzukommen. Es warten Weichenstellungen in allen Bereichen der menschlichen Existenz, in deren Folge wir zu ungeahnten Horizonten aufbrechen werden. Sie können Utopien und Dystopien wahr werden lassen.

Die Prognose fällt nicht schwer, dass der Mensch als soziales Wesen auch in fernen Tagen ein Zusammenleben in großen Gesellschaften bevorzugen wird. Er wird nicht zu einem Leben in Kleinstgruppen von Jägern und Sammlern zurückkehren. Die Steuerung dieser Gesellschaften aus Millionen von Individuen bleibt zentral für das Wohlergehen der menschlichen Art. Sie wird sich jedoch ändern. Aber wie genau? Welche Auswirkungen wird die Digitalisierung auf diesen für uns alle entscheidenden Aspekt des Zusammenlebens haben?

Das vorliegende Buch sucht nach Antworten auf diese Fragen. Es handelt von der Zukunft der Steuerung der Gesellschaft durch einen Staat 3.0. In einem solchen geht es nicht mehr nur darum, dass Internettechnologie die Kommunikation zwischen Bürgern und Staat auf ein neues Niveau hebt – ein Konzept, das vor Jahren als Staat 2.0 bezeichnet wurde.[1] Vielmehr liegt der Schwerpunkt darauf, wie Menschen und Maschinen unsere Gesellschaften in zunehmendem Maße digital lenken werden.

Ich gehe fest davon aus, dass neue Technologien und insbesondere Künstliche Intelligenz die Art und Weise der Steuerung von Gesellschaften, von unseren Familien und uns als Individuen regelrecht revolutionieren werden. Es ist damit zu rechnen, dass sie die existierenden Gesellschaftssysteme und die uns schützenden Rechte der Freiheit und Gleichheit noch erheblich stärker unter Druck setzen werden, als das derzeitige Technologien tun. Zum Schutz von Demokratie und Freiheit werden wir gezwungen sein, unser politisches Entscheidungsmonopol gegenüber Maschinen zu verteidigen und in deren Entwicklung und Verwendung wirksam einzugreifen.

Das Thema der Gesellschaftssteuerung im anbrechenden Hochtechnologiezeitalter wartet mit einer gewissen Komplexität auf. Bei genauerer Betrachtung fällt auf, dass es sich in zwei große Themenblöcke teilt. Der erste betrifft konstruktive Fragen, also die Art und Weise, wie staatliche Entscheidungsträger und die ihnen assistierenden Ressorts Technologie gezielt zu Steuerungszwecken einsetzen werden oder einsetzen könnten. Der zweite Themenblock betrifft eher destruktive Fragen, also wie Technologie Steuerungsapparate und Steuerungsfundamente gefährden und Gesellschaften von eigentlich angedachten Kursen abbringen könnte.

Dem ersten, konstruktiven Themenblock ist der überwiegende Teil des Buches gewidmet. In ihm wird im Sinne eines Staates 3.0 erörtert, wie Maschinen und Künstliche Intelligenz Aufgaben innerhalb der üblichen Steuerungsketten übernehmen werden und könnten, vom politischen Agenda-Setting über die Gesetzesplanung bis hin zur behördlichen und richterlichen Normumsetzung. Und er geht den Auswirkungen nach, die eine derartige Automatisierung andererseits für uns Bürger, Abgeordnete, Beamte und Richter haben wird. Auch die Einflüsse der Digitalisierung auf die Anwaltschaft gilt es zu berücksichtigen.

Ich gehe dabei futuristisch klingenden, aber ebenso naheliegenden Detailfragen nach, etwa ob die Zukunft mit einer Art künstlichem Superhirn aufwartet, welches die komplette Steuerung unserer Spezies übernimmt. Fragen wie, ob Künstliche Intelligenz für zukünftige Parlamente Gesetzeswerke mit hochwirksamen Steuerungsinstrumenten kalkuliert. Ob sich Smart Cities zu Kommunen transformieren, in denen Entscheidungsautomaten das Sagen haben, ob selbst manche zentrale Aufgabe von Rechtsberatern, Beamten und sogar Richtern nicht doch bald antiquiert sein wird oder ob in Zukunft Protestbewegungen dank KI weniger Kraft aufbringen müssen, um politische Entscheidungsträger zum Handeln zu bewegen. Die für einen solchen Ausblick erforderlichen theoretischen Grundlagen der Gesellschaftssteuerung lege ich in einem Extrakapitel dar.

Ende der Zehnerjahre wurden wir Zeugen, wie die „Neue Rechte“, Russland und mazedonische Halbstarke mittels Social Bots, Internettrollen und Falschmeldungen versuchten, Bevölkerungen zu spalten, Wahlen zu manipulieren oder einfach nur schnelles Geld zu verdienen. Sie trugen dazu bei, dass sich der mit dem Fall des Eisernen Vorhangs erledigt geglaubte Wettbewerb zwischen Demokratie und Autokratie erneut entfaltete und sich ein breiteres Feld an Aspekten destruktiver Natur öffnete: Aspekte des zerstörerischen Potenzials neuer Technologien für demokratisch ausgerichtete Steuerungsapparate und deren Korsette aus Freiheitsrechten, aber auch stärkende Effekte, die der möglichen Destruktion etwas entgegensetzen.

Dieser Themenblock soll schließlich im Fokus des finalen Teils des Buches stehen. Dabei geht es nicht allein um die Wiederholung der wissenschaftlichen Debatten der letzten Jahre. Vielmehr sollen ebenso die neuesten Entwicklungen im Bereich der Technologie, insbesondere der Künstlichen Intelligenz, berücksichtigt werden. Diese Entwicklungen versprechen starke Impulse für Gegenwart und Zukunft und zwingen zu einer Neubewertung. Unter diesen Vorzeichen werden insbesondere folgende Fragen genauer betrachtet: Führen smarte Algorithmen, die unsere Entscheidungen an Wahltagen mit beeinflussen, zu einer stärkeren Verwässerung der Demokratie? Werden KI-bedingte Umstrukturierungen auf den Arbeitsmärkten sogar die gesellschaftliche Tektonik aufbrechen? Werden wir Bürger mit einer manipulationssicheren App letztlich doch über Gesetze mitbestimmen, um so für die notwendige Vitalisierung der Demokratie zu sorgen? Sollte der Staat jede Regelverletzung, etwa jede Verletzung von Straßenverkehrsregeln, obsessiv verfolgen, schlicht weil er es digital kann und es sich finanziell für ihn lohnt? Wird die Digitalisierung ebenso die Leistungsfähigkeit von Gerichten, Staatsanwaltschaften und Verwaltungen gewährleisten, wenn die geburtenschwachen Jahrgänge zusehends weniger Fachkräfte stellen?

Über welche Art von Technologien sprechen wir auf diesen Seiten aber überhaupt? Es handelt sich um Maschinen, die auf vier Arten von Bausteinen aufbauen. Dazu zählt erstens vernetzte, teils mit Sensoren verbundene IT-Hardware, die mit weiterhin fulminant wachsenden Rechenkapazitäten aufwartet. Hinzu kommt zweitens ausgeklügelte Software mit hochkomplexen Algorithmen. Diese Software wird drittens noch mehr das herausformen, was man Künstliche Intelligenz nennt. Und viertens zählt zu diesem Quartett Big Data, also große Informationsbestände mit immer minutiöseren Daten über uns und unsere Umgebung.

Wir und unsere Kinder werden Zeugen, wie aus diesen vier Basiskomponenten nutzstiftende und auch beängstigende Anwendungen entstehen, die die Menschheit und den Planeten weit in die Zukunft führen.

Schon in der jüngeren Vergangenheit begann auf diese Basiskomponenten aufbauende Hochtechnologie nicht nur unseren Alltag zu überformen, sondern auch die Art und Weise, wie wir unsere Gesellschaften kontrollieren und lenken. Neuartige Supercomputer, raffinierte Algorithmen, erste Formen Künstlicher Intelligenz und ein unablässiger Strom von Daten ermöglichten Geheimdiensten bereits vor Jahren, neue Wege der Überwachung einzuschlagen. Denken wir zurück an die einst von Edward Snowden enthüllten Programme, mit denen vor allem die USA zu Beginn des letzten Jahrzehnts die globale Telekommunikation ausspähten. Im Reich der Mitte animierten die neuen technischen Möglichkeiten den kommunistischen Parteiapparat, mit digitalen Sozialkreditsystemen zu experimentieren, die ganz neue Dimensionen gesellschaftlicher Steuerung eröffneten.

Bei alldem handelte es sich jedoch nur um Vorboten weiterer Innovationsschritte und Technologien auf dem Gebiet der staatlichen Steuerung – Wegbereiter, die die Sicht gen Zukunft klärten und die durch neue künstlich-intelligente Anwendungen nunmehr Verstärkung bekommen. Es ist Zeit, sich mit dem, was vor uns liegt und liegen könnte, entschiedener auseinanderzusetzen, und zwar aus menschlicher Neugier und um regulierend in das Geschehen eingreifen zu können. Bestimmen wir die Zukunft zum Schutz unserer Freiheit und der unserer Kinder mit!

TEIL 1

JAGS (Joint Artificial Governing System)

1.1

Ein technisches Mirakel

Spekulieren wir einmal gleich zu Beginn unserer Suche nach Zukunftsperspektiven über weit entfernte Tage. Das erlaubt uns, den Horizont für das technisch Mögliche abzustecken und vielleicht auch Szenarien auszusortieren, über die wir uns nicht allzu viele Gedanken zu machen brauchen. Stellen wir uns eine futuristische Maschine mit dem Namen JAGS vor. JAGS soll für „Joint Artificial Governing System“ stehen. Bei der Maschine handelt sich um eine äußerst leistungsfähige Künstliche Intelligenz, die den fiktiven Stadtstaat Nesotopia durch das ausgehende 21. Jahrhundert steuert.

JAGS greift auf zahllose Datenclouds zu und gleicht deren Informationen, wenn nötig in Echtzeit, dank einer Verknüpfung mit Zehntausenden Straßensensoren, Supermarktkassen, elektronischen Gesundheitsakten, privaten Klimaanlagen oder sozialen Netzwerken ab. JAGS lernt dabei in endlosen Schleifen alles über uns, unser Zusammenleben, unsere Umgebung und darüber, wie sie uns lenken und kontrollieren kann. Die Künstliche Intelligenz entwirft, berechnet und modelliert steuernde Eingriffe und erlässt diese im Auftrag der lokalen Regierung. Das tut sie in Form von Gesetzen sowie von an Einzelpersonen adressierten Verhaltensanweisungen. Schließlich überwacht JAGS die Einhaltung der Regelungen und setzt diese, wenn nötig mittels Sanktionsinstrumenten, um: Bußgelder werden vom Lohn abgezogen, der kostenfreie Zugang zu öffentlichen Einrichtungen gestrichen und besonders dreiste Missetaten mit Klarnamen der Übeltäter in Social-Media-Kanälen veröffentlicht. Die Regierung des Stadtstaates ist mit der Arbeit von JAGS äußerst zufrieden und hat sich allein darauf zurückgezogen, der KI Ziele, Präferenzen und Bewertungsmaßstäbe vorzugeben. So weit die Fantasie. Wie wahrscheinlich ist aber die Verwirklichung einer solch verlässlichen Künstlichen Superintelligenz? Steckt in den heutigen und zukünftigen technischen Innovationen das Potenzial, JAGS wahr werden zu lassen?

Ohne Zweifel setzt eine derartige Maschine weitere Revolutionen auf dem Gebiet der IT-Hardwareentwicklung voraus. Es bedarf neuer Generationen leistungsstarker Quantenprozessoren und auch genialer Speicherwerke, die die immensen Mengen von Daten ohne Schwierigkeiten verdauen können. Zuvor müssten noch ausreichende Datenquellen erschlossen werden, die die enorme Informationslust von JAGS befriedigen.

Im Herzen einer solchen Steuerungsmaschine müssten selbstlernende Algorithmen arbeiten, die das gesamte gesellschaftliche Universum und zahllose Aspekte, die dieses beeinflussen, reproduzieren. Die Algorithmen müssten widerspiegeln, wie die komplexen Netzwerke aus menschlichen Gruppen und Individuen funktionieren und wie sie sich steuern lassen. Mit ihrer Hilfe wäre es der Maschine möglich, steuernde Eingriffe zu entwerfen, deren Wirkungen zu kalkulieren und hocheffektive, enorm effiziente und absolut nebenwirkungsarme Regelungsinstrumente zu verfassen.

Konzentrieren wir uns hier auf diesen einen letzten, alles entscheidenden Punkt der selbstlernenden Algorithmen, also einer äußerst ausgefeilten Software. Wird die Menschheit oder Künstliche Intelligenz in der Lage sein, eine solche zu erschaffen, um damit einen hochpotenten Quantencomputer zu einer äußerst zuverlässigen JAGS zu transformieren?

1.2

Der Traum von einer sozialen Weltformel

Jede Software arbeitet auf Basis von Algorithmen, von Codes, die oft theoretische Modelle der realen Welt oder imaginäre Welten widerspiegeln. Eine Software zur Steuerung von Gesellschaften müsste auf einem Modell aufbauen, das die Funktionsweise und Steuerbarkeit der Gesellschaft abbildet. Gefragt ist nach einer Art Modell der sozialen Welt, einer komplexen sozialen Weltformel oder einer „sozialen Physik", wie sie einst Auguste Comte, dem Vater der Soziologie, vorschwebte. Leider verfügen wir nicht über eine derartige geschlossene Vorstellung. Könnte sich das aber zukünftig dank neuer Maschinengenerationen ändern, die uns wissenschaftlich auf die Sprünge helfen?

Auf den ersten Blick scheint das durchaus möglich zu sein. Zumindest bekommt man einen solchen Eindruck, wenn man sich den derzeitigen technologischen und wissenschaftlichen Aufbruch vergegenwärtigt, den das neue Maschinenzeitalter auslöst. So prognostizieren Zukunftsforscher, dass Maschinen in fernen Tagen in der Lage sein werden, unsere Gedanken auszulesen und diese in Datenclouds hochzuladen. Zusammen mit anderen Informationen über Gesellschaft und

Umwelt könnten so große Teile unseres Wissens und Fühlens zu einem einzigen Datenuniversum verschmelzen. Supercomputer könnten diese riesige Datenwolke auslesen und weitreichende Erkenntnisse über unsere Spezies gewinnen, um sich so immer mehr einem kompletten Verständnis der sozialen Welt und einer sozialen Weltformel anzunähern.

Aber auch fern von dieser Vorstellung verspricht der technologiebedingte wissenschaftliche Fortschritt erheblichen Erkenntnisgewinn, was die Steuerbarkeit von Gesellschaften anbelangt. So haben Neurowissenschaftler damit begonnen, das menschliche Gehirn bis zu den letzten Neuronen zu erforschen. In nicht allzu ferner Zukunft werden sie kritische Zellkomplexe identifizieren, die Rückschlüsse auf unser aller Fühlen, Denken und Verhalten zulassen. Damit eröffnen sich nicht nur innovative Wege, mentalen Erkrankungen den Garaus zu machen, sondern auch neue Erkenntnisse über Möglichkeiten der psychologischen, pharmazeutischen und biotechnologischen Steuerung, Kontrolle und Manipulation von Menschen, Gemeinschaften und ganzen Gesellschaften.

Vor einigen Jahren führten die neuen technischen Möglichkeiten zudem zur Begründung eines rechnergestützten Zweiges der Sozialwissenschaften – der Computational Social Science. Diese begann, immer mehr soziale Phänomene unter Auswertung großer Datenbestände tiefgehend auszuleuchten. Spezielle Forschungszentren wurden gegründet und die thematischen Veröffentlichungen nahmen rasant zu.[2] Indem das weltweit renommierte Wissenschaftsmagazin *Nature* 2021 dem neuen Spross der Soziologie eine Extraausgabe widmete, wurde ihm sozusagen der akademische Ritterschlag zuteil.

Innerhalb der Computational Social Science nimmt die Vorhersageforschung, die sogenannte prädiktive Analytik (englisch: Predictive Analytics), eine besondere Rolle ein. Seit einiger Zeit versorgt sie Unternehmen, Behörden, Geheimdienste und die Justiz mit Vorhersagemodellen und ersten Formen Künstlicher Intelligenz.[3] Die computergestützte Vorhersage von Kriminalitäts-Hotspots, Unruhen, Grippeepidemien und der Rückfallwahrscheinlichkeit von Straftätern – sie steht hinter den neuen zukunftsträchtigen technischen Möglichkeiten.

Zweifelsohne wartet die Zukunft mit weiteren Sprüngen bei der Entwicklung von selbstlernenden Maschinen auf. Mit ihrer Hilfe werden wir die jüngst eingeschlagenen Wege der computergestützten Wissenschaft kontinuierlich fortführen und verbreitern. Sie werden Mensch und Maschine zu immer tieferen Erkenntnissen und passgenaueren Modellen der Gesellschaftssteuerung führen. Werden diese aber wirklich genügen, um auf ihrer Basis eine höchst zuverlässige selbstlernende Steuerungssoftware entwickeln zu können?

1.3

Die Grenzen einer Künstlichen Superintelligenz

Machen wir es kurz. All die Erkenntnisse, die Mensch und Maschine in Zukunft erlangen, werden nicht ausreichen, um eine komplette Vorstellung von der Funktionsweise der sozialen Welt, ihrer Umgebung und Steuerbarkeit zu bekommen. JAGS wird daher dem Reich der Science-Fiction nicht entspringen, sondern ihm verhaftet bleiben.

Unsere Welt ist schlicht zu komplex und zu starken Änderungen unterworfen, als dass sie von uns oder Maschinen je in Gänze durchdrungen und als einheitliches Modell oder abschließendes Set von Mustern abgebildet werden könnte. Wir mögen hinter sozialen Phänomenen deterministische Regeln vermuten, die man theoretisch mathematisch und algorithmisch darstellen kann. Das Problem bleibt jedoch, dass wir bei ihrer tatsächlichen Beobachtung nie alle Details, nie alle Determinanten, die zu ihrer konkreten Ausgestaltung führen, betrachten, sondern nur einen Ausschnitt von Aspekten, Ursächlichkeiten und Auswirkungen. Bei näherer Betrachtung sind soziale Phänomene in die Unendlichkeiten der Kausalitäten des Universums eingebettet. Je genauer man hinsieht, desto komplexer wird sowohl das

Bild der Zusammenhänge, welche die innere Dynamik unserer sozialen Welt ausmachen, als auch das Bild der Umwelteinflüsse.

Das wird Menschen wie auch Maschinen selbst in der entferntesten Zukunft weiterhin zu vereinfachenden Wahrnehmungen der Realität zwingen. Und diese Vereinfachungen werden dazu führen, dass Menschen und Maschinen immer wieder von Effekten überrascht werden, die ihren technischen Linsen, theoretischen Vorstellungen und Algorithmen entgehen. Für uns und Künstliche Intelligenz als Beobachter mit beschränktem Blick wird sich daher das Universum trotz seines Determinismus weiterhin im Sinne der Chaostheorie bis zu einem gewissen Grad als chaotisch darstellen.

Damit tut sich ein selbst für ausgereifteste Technik unerreichbarer Horizont auf. An diesem Horizont beginnt das Gebiet der ewigen Science-Fiction. Allenfalls dort ist es surrealen Maschinen und fiktiver Künstlicher Intelligenz möglich, einen Grad höchster Zuverlässigkeit zu erreichen, der es vielleicht erlauben würde, sie weitgehend unbeobachtet über unser Schicksal entscheiden zu lassen. Vor diesem Hintergrund sollte der Mensch weder bewusst noch willentlich die Kontrolle über seine Gesellschaften komplett oder nahezu komplett an Maschinen übertragen. Zum Schutz der eigenen Selbstbestimmung und Freiheit sollte er alles dafür tun, sein Monopol der Letztentscheidung zu verteidigen. Das gilt nicht erst ab dem Zeitpunkt einer möglichen Bewusstwerdung Künstlicher Intelligenz oder einem ebenso denkbaren Moment technologischer Singularität, in welchem KI der menschlichen Intelligenz endgültig enteilt. Das gilt bereits jetzt, zu dem Zeitpunkt, an dem der Stern der KI aufgeht und wir als Nutzer ihre Datenquellen, Lernmethoden und Algorithmen schon nur schwer verstehen. Freilich bedeutet das nicht, dass der Mensch keinerlei Steuerungsaufgaben an Maschinen abgeben sollte und auch wird. Ganz im Gegenteil, wie wir in Teil 3 sehen werden, sieht die Zukunft ein enges Miteinander von Mensch und Maschine auch bei der Gesellschaftssteuerung vor.

TEIL 2

Führung und Kontrolle: Strukturen gesellschaftlicher Lenkung

2.1

Fokus

Makrosoziologen zogen mich schon immer magisch an. Nicht wegen ihres Hangs, alltägliche Sachverhalte in für Außenstehende kaum verständliche Begriffsmonstren zu packen. Da sind wir Juristen ja Schwestern und Brüder im Geiste. Nein, das Faszinierende besteht darin, dass Makrosoziologen aus einer fernen Perspektive auf die Bande blicken, die zwischen uns Menschen existieren. Sie versuchen, sie zu einem großen Ganzen zusammenzusetzen – zu Gemeinschaften, zu Gesellschaften, generell zu sozialen Systemen.

Schauen wir genauer hin, sind diese Bande psychischer, physischer oder biochemischer Natur und damit bereits Gegenstand anderer Disziplinen. Indem Makrosoziologen aber aus der Distanz auf die Gesamtheit dieser Verbindungen schauen und sie deuten, können sie elementare Züge unserer Gesellschaft ausmachen. Es ist ein wenig so, als wenn wir bei einem Waldspaziergang einen Ameisenhügel passieren. Wir nehmen all die emsigen Individuen und die sie leitenden Pheromonspuren nicht wahr. Wir sehen aber den massiven, wabernden Hügel und all die zu ihm führenden Pfade der Aktivität. Wir erkennen den Staat und einige seiner grundlegenden Strukturen.

Aber was hat das mit diesen Seiten zu tun? Im Folgenden soll geklärt werden, was sich hinter dem Phänomen der Gesellschaftssteuerung verbirgt und wie sie grundsätzlich funktioniert. Ohne Wissen darüber, welche größeren Räder wie ineinandergreifen, bleiben Annahmen über Effekte und Potenziale neuer Technologien, die einen Staat 3.0 formen können, blass. Der Blick auf den größeren Kontext fehlt. Um dem Phänomen der Gesellschaftssteuerung auf den Grund gehen zu können, sollten wir aussagekräftige Theorien und solide Vorstellungen oder zumindest eine passende Optik zur Hand haben. Möglicherweise hilft uns dabei ein Okular aus der Makrosoziologie. Die Gesellschaft als übergeordnetes Urphänomen liegt in ihrem Zuständigkeitsbereich. Dazu sogleich mehr.

Zuvor steht noch die Klärung eines zentralen Aspekts aus. Und zwar, was sich hinter dem Begriff der Gesellschaftssteuerung verbirgt. Die Antwort darauf lässt sich kurz zusammenfassen: Man kann darüber trefflich streiten. Der Begriff gehört weder zu dem Wortschatz, der uns allen jeden Tag einigermaßen klar vorschwebt, noch gibt die Fachliteratur ein eindeutiges Bild ab. Keine Wissenschaft hat den Gesamtbegriff oder einen seiner beiden Bestandteile – Gesellschaft und Steuerung – für sich vereinnahmen können. Ein einheitliches Verständnis hat sich nicht herausgebildet. Wichtig ist aber, dass wir, wenn wir auf diesen Seiten über die Steuerung von Gesellschaften nachdenken, eine gemeinsame Vorstellung entwickeln, was hinter diesen Begriffen steckt.

Deshalb schlage ich folgende Deutung vor: Unter Gesellschaft verstehe ich einen Verband von Menschen, menschlichen Gemeinschaften und deren institutionalisierte Einrichtungen. Dieser Verband konstituiert auf einem bestimmten geografischen Gebiet einen Staat. Er integriert sich durch Identifikationsmerkmale verschiedenster Natur, sei es Kultur, Sprache, Religion, Rechts- oder Herrschaftsunterworfenheit. Im Gegensatz zum Terminus „Staatsvolk“ umschließt der Begriff „Gesellschaft“ auch die für eine gewisse Dauer auf dem Gebiet befindlichen und etwa rechtlich integrierten Ausländer. Sie zählen zu dem Verband, den es zu steuern gilt.

Unter Steuerung subsumiere ich die beabsichtigte Beeinflussung dieses Verbandes oder seiner Teile durch Reize jeglicher Art – etwa ein Belohnungssystem, Sanktionsregeln, die Kundgabe kritischer Informationen. Steuerungsmaßnahmen müssen nicht am gesamten Korpus der Gesellschaft zerren. Sie können auch einzelne Teile, also deren Untergliederungen betreffen. Der Begriff erfasst damit nicht nur die großen Reformprojekte, sondern auch die zahllosen kleinteiligen Ansätze der Einflussnahme. Ein engeres Begriffsverständnis würde diesen größeren Teil der Steuerungsrealität in einem toten Winkel verschwinden lassen. Steuerung muss nicht von Erfolg gekrönt sein; sie kann fehlschlagen. Ich sehe Parallelen zur Nautik. Auch Kolumbus sprechen wir nicht ab, dass er die Santa Maria über den Atlantik steuerte. Obwohl er von Strömungen und Winden hin- und hergeworfen wurde. Und obwohl er letztlich Asien nie erreichte und sein Flaggschiff in die Untiefen vor Hispaniola rammte. Um Asien trotz des im Wege liegenden massiven kontinentalen Hindernisses zu erreichen, fehlte ihm Wissen und Technologie. Er war dennoch ein Steuermann.

Gesellschaftssteuerung bedeutet in wesentlichen Teilen Politik, geht aber nicht vollständig in diesem Begriff auf.[4] Sie fokussiert nicht nur die Willensbildungs- und Entscheidungsprozesse politischer Akteure. Sie betont gleichberechtigt Prozesse der Umsetzung von gesellschaftsbezogenen Entscheidungen durch Rechtsprechung, Verwaltungen, Vollzugsapparate sowie durch freiwillige Normbefolgung. Wer auch hier Überschneidungen mit dem Feld der Politik sieht, gesteht möglicherweise zumindest zu, dass der Begriff der Steuerung den Prozess der gezielten Beeinflussung der Gesellschaft prägnant aus dem Gebiet der Politik heraushebt – einem Gebiet, auf dem sich die Akteure zur Erhaltung ihrer Macht auch um sich selbst drehen, also nicht nur um die zu lösenden Probleme der Gesellschaft.

2.2

Von Makrosoziologen und geplatzten Träumen

Kommen wir auf die Frage zurück, wie Gesellschaftssteuerung funktioniert und ob sich eine aussagekräftige Theorie, ein passendes Modell ausfindig machen lässt, das bei der Klärung hilft. Weiterbringen sollte uns dabei eigentlich der Theoriebestand der Makrosoziologie oder alternativ natürlich auch der Fundus anderer Wissenschaften.

Auf der Suche nach Erkenntnis bin ich zunächst auf zwei deutsche Soziologen, Wolfgang Streeck und Helmut Wiesenthal, gestoßen. Wiesenthal beschäftigte sich während seiner Hauptschaffenszeit um die Neunzigerjahre mit den massiven gesellschaftlichen Umwälzungen in der östlichen Hemisphäre, genauer mit den Umwälzungen, die dem Fall des Eisernen Vorhangs folgten. Umwälzungen, die nahezu alle Sektoren der betroffenen Länder überformten: Wirtschaft, Politik, Recht, Arbeit und Soziales. Streeck hingegen beschäftigte sich ausgiebig mit der gegenüberliegenden Hemisphäre des Westens. Unter westlichen Himmeln hatten in den Achtzigerjahren Ölkrise, wirtschaftliche Stagnation und andere Ereignisse tiefe Spuren auf den Arbeitsmärkten hinterlassen. Stetig mehr Menschen ohne Lohn und schwer schulterbare Belastungen für die Sozialkassen folgten. Die Regulierung der Arbeitsmärkte entwickelte sich zu einer der größten Herausforderungen des ausgehenden 20. Jahrhunderts.

Doch die Steuerungserfolge auf den westlichen Arbeitsmärkten fielen ernüchternd aus. Zumindest war das die Wahrnehmung von Streeck in Bezug auf die von ihm und seinen Kollegen anvisierten Maßnahmen.[5] Im Osten sah die Gesamtbilanz anders aus. Die osteuropäischen Transformationsprozesse können kaum als gescheitert gelten, wenn man sich etwa die Entwicklungen im Osten Deutschlands, in Slowenien und in den baltischen Staaten anschaut. Trotz enormer Schwierigkeiten und einiger gewaltiger Schieflagen, die teilweise bis heute bestehen, wurde nicht nur die Teilung Europas überwunden, auch die vor dem Ende des Kalten Krieges existenten Gesellschaftsordnungen kamen zu Fall. Getragen von großen Teilen der Bevölkerungen fegten die neu gewählten Regierungen die alten Systeme sozialistischer Prägung hinweg. Sodann konnten sie zumindest teilweise erfolgreich in neue Fahrwasser aufbrechen.[6]

Die Erkenntnisausbeute für die Steuerungsdiskussion fiel bei Streeck und Wiesenthal dennoch mager aus. Streeck legte sein Resümee im Oktober 2014 dar. Was er im Rahmen seiner Abschiedsvorlesung zu referieren hatte, war jedoch alles andere als ein energiegeladenes Vermächtnis.[7] Es handelte sich im Kern um eine Kapitulationserklärung. Sie schien die Einsicht einer ganzen Zunft widerzuspiegeln. Schon zu Zeiten des US-amerikanischen New Deals, also in den 1930er-Jahren, waren Soziologen angetreten, Kausalmodelle zu entwickeln, auf deren Basis Gesellschaften planmäßig und rational geformt werden können. Doch nach Jahrzehnten der Forschung, nach unzähligen Versuchen der praktischen Anwendung diesseits und jenseits des Atlantiks sah die Makrosoziologie, ja die Soziologie im Ganzen ihr Unternehmen als gescheitert an, zuverlässige Modelle der Steuerung von Gesellschaften aufzustellen. Einige Jahre zuvor war Wiesenthal zu einem ähnlichen Schluss gekommen.[8]

Während Streeck und Wiesenthal der eigenen Gilde nur das Platzen von Euphorien und Theoriefantasien attestierten, gingen andere wesentlich weiter. In ihren Augen sind Gesellschaften aufgrund ihrer ureigenen Natur schlicht unsteuerbar. Aber wäre dem so, dann ergäben Parlamente keinen Sinn mehr und ich sollte die Tastatur beiseiteschieben. Diese recht radikale Theorie der Unsteuerbarkeit von Gesellschaften geht auf einen bedeutenden Vertreter der Soziologie zurück, auf Niklas Luhmann.[9] Nach dessen Weltsicht setzen sich moderne Gesellschaften aus autarken Teilsystemen zusammen, darunter Politik, Wirtschaft, Recht und Religion. Diese Teilsysteme folgen jeweils eigenen Zielen, funktionieren nach jeweils eigenen Logiken. Luhmann folgerte daraus, dass keine dieser Einheiten in der Lage sei, eine andere Einheit, geschweige denn die Gesellschaft insgesamt zu steuern. Er verdeutlichte dies mit reichlich abstrakten, nur schwer verständlichen Gedankengängen, die sicherlich einiges an Wahrheit in sich bergen, aber gleichwohl in ihrer Absolutheit der Realität kaum standhalten dürften. Das gilt insbesondere, wenn es um die Frage der Steuerbarkeit von Gesellschaften geht.[10] Abgesehen davon ging Luhmann offenbar von einem für die tagtägliche politische Praxis weniger relevanten, äußerst engen Steuerungsbegriff aus. Danach erfasst Steuerung nur wahre, beabsichtigte, vollständig realisierte Systemwechsel, also ein Phänomen, das nicht viel mit dem politischen Alltagsgeschäft zu tun hat. Ziel dessen ist weniger, die Gesellschaft oder ihre Teilsysteme, wie Wirtschaft und Politik, komplett neu zu programmieren. Vielmehr geht es der Politik und damit auch der Steuerung im hier verstandenen Sinne um das Lenken und Leiten von Individuen und Gruppen sowie um das Ausbalancieren ihrer Interessen.

Streeck sah dies ähnlich.[11] Seine herbstlichen Abschiedsworte machten einen anderen Umstand als Ursache für seine Enttäuschung aus. Es war nicht die Unsteuerbarkeit von Gesellschaften. Es lag vielmehr an dem Unvermögen seiner Zunft, die Steuerungsvariablen und -zusammenhänge vollumfänglich zu erkennen und in soziologischen beziehungsweise ihn interessierenden sozialdemokratisch geprägten Modellen festzuhalten. Die Realität stellte sich schlicht als zu komplex heraus. Unzählige Fallkonstellationen und Determinanten, zu Letzteren zähle ich auch die von Luhmann beschriebenen Abgrenzungseffekte der Teilsysteme, überforderten selbst den Verstand führender Fachleute. Wiesenthal teilte diese Meinung. Die Schwierigkeiten bei der Modellbildung sah er ebenso.[12] Er meinte, der ausbleibende Erfolg gehe nicht nur auf die enorme Anzahl der in einer Theorie zu erfassenden Faktoren und Zusammenhänge zurück. Es liege ebenfalls an der Tradition der Soziologie, an ihrem Hang zur Ästhetik, also zur Einfachheit bei der Theoriebildung. Soziologen hatten bislang scheinbar allzu komplexe Modelle gescheut. Wiesenthal stellte die offenbarende Frage, welcher Soziologe schon Soziologie als angewandte Mathematik betreiben wolle.[13]

2.3

Auf der Jagd nach Erkenntnis

Mit ihrem Gram sind Streeck und Wiesenthal jedoch nicht allein. Seit Beginn der Neugier des Menschen auf das, was da draußen und in ihm selbst vorgeht, steht er immer wieder vor nebulösen Phänomenen, vor Befunden, deren Ursachen sich seinem unmittelbaren Blick entziehen. Im Regelfall ließ sich der Mensch davon nicht abschrecken, weiter zu forschen. Seine Neugier und sein Einfallsreichtum waren zumeist stärker. Er lernte, allzu komplexe Prozesse in überschaubare Einheiten zu zerlegen. Er lernte, mit groben Modellen zu arbeiten. Und er lernte, im Schwarm und oft über Generationen hinweg diesen Phänomenen auf den Grund zu gehen. So verstand er es schließlich, technische Hilfsmittel zu entwickeln, die seinen begrenzten Blick enorm erweitern konnten. Wieso sollte es sich in Bezug auf die Theorie der Gesellschaftssteuerung anders verhalten?

So manche Soziologen mögen die Suche nach Großmodellen der Gesellschaftssteuerung für beendet erklären. Bei genauerem Hinsehen tüftelt der Mensch in Theorie und Praxis aber weiter an einzelnen Facetten eines derartigen Gedankengebäudes. Der Gesellschaftssteuerung wohnt schlicht zu große Bedeutung inne. Weltweit arbeiten

Wissenschaftler anderer Forschungszweige und Fachrichtungen, aber auch Unternehmen und staatliche Stellen an Einzelfragen gesellschaftlicher, sozialer und individueller Steuerung. Die Forschung hat sich nicht nur darangemacht, die Bausteine des Individuums bis zum letzten Genabschnitt zu dekodieren. Sie hat sich auch darangemacht, die Kräfte zu entschlüsseln, die uns Menschen zusammenhalten und lenken. So fügt sich ein Stein zum anderen. Langsam, aber kontinuierlich. Über die Jahrzehnte hinweg entsteht ein immer feineres theoretisches Abbild menschlicher Gesellschaften. Ein Abbild eines riesigen sozialen Organismus, den wir über die Zeit hinweg formen. Wir mögen die Dimensionen dieses Bildes noch nicht ganz überblicken und verschiedenste Sphären und zahlreiche Fragmente noch nicht kennen. Aber wir arbeiten daran.

Prinzipiell kann jede Sozialwissenschaft einzelne Facetten zu diesem Gesamtbild beitragen. Allen ist gemein, dass im Zentrum ihres Interesses die Gesellschaft oder bestimmte Mechaniken und Eingriffsmöglichkeiten stehen. Das Spektrum der wissenschaftlichen Modelle – Ansätze, Thesen und Hypothesen – ist entsprechend breit. Es reicht von Modellen und Ansätzen der Policy- und Governance-Forschung, der Staatslehre, der Handlungstheorie, der Rechtswirkungsforschung und der Verhaltensökonomik bis hin zu Modellen und Ansätzen, die sich auf bestimmte Teilsysteme, Einzelsektoren oder Einzelmechaniken beziehen, etwa auf den Wirtschaftskreislauf, die Arbeitsmärkte, die Finanzmärkte oder das Verwaltungswesen.[14]

2.4

Die Grobmechanik der Gesellschaftssteuerung – oder: Von den Kissen und Federn des Weißen Hauses

Politikwissenschaft, Soziologie und Staatslehre bieten bereits einen groben Ordnungsrahmen, in den sich viele der Einzeltheorien und -modelle einordnen lassen. Sie vermitteln ein schemenhaftes Bild davon, wie die beabsichtigte Beeinflussung von Gesellschaften, also deren Steuerung funktioniert. Die Schemen lassen sich mit weiteren Forschungsansätzen verfeinern. Angesichts dessen, was wir jeden Tag im Fernsehen, im Internet und in unserer persönlichen Umgebung erleben, scheint die der Politikwissenschaft angehörende Policy-Forschung den passendsten groben Verständnisrahmen zu bieten. Zwar operiert diese mit dem Begriff der „Politik", versteht darunter aber auch das, was auf diesen Seiten als Steuerung aufgefasst wird.

Aus dem Blickwinkel der Policy-Forschung vollzieht sich Politik beziehungsweise Gesellschaftssteuerung ganz allgemein als Prozess, dessen Akteure mittels eines Steuerungsapparates politische Programme verhandeln, umsetzen oder umzusetzen versuchen, und zwar um bestimmte Steuerungseffekte zu bewirken.[15] Wenn man die denkbare Rolle von Technologien, insbesondere Künstlicher Intelligenz, im

Kontext der Gesellschaftssteuerung näher untersuchen möchte, muss man beide Hauptaspekte dieser Beschreibung, also Steuerungsapparate und Steuerungsprozesse, im Auge behalten und besser verstehen.

Wie Steuerungsapparate unsere Welt formen

Verschiedene der oben angesprochenen Wissenschaftsbereiche beschäftigen sich mit der Konstruktion, Funktionsweise und den Fundamenten der Steuerungsapparate, so etwa die Governance-Forschung oder die juristische Staatslehre. Ihren Erkenntnissen liegt die Annahme zugrunde, dass sich Steuerungsapparate aus verschiedenen Elementen zusammensetzen beziehungsweise dass sie auf solchen aufbauen. Zu diesen Elementen zählen insbesondere normative Strukturen, genauer verschiedenste zentrale Leitsätze. Oftmals in Verfassungen niedergeschrieben, bestimmen diese Leitsätze, wer das Kommando im Staat innehat, wie die Macht auf verschiedene staatliche Säulen verteilt wird, durch welche Verfahren Personen in Machtpositionen gelangen und wie konkrete Kurse oder Programme, die eine Gesellschaft in bestimmte Richtungen steuern sollen, festgelegt werden, etwa per Gesetzgebungsverfahren.

Die zentralen Leitsätze beinhalten zudem die essenziellen Zielmarken einer Gesellschaft, die Staatsziele, aber auch die geltenden normativen Grundprinzipien wie Freiheits- und Gleichheitsrechte[16] und die nicht zu unterschätzenden politischen Leitplanken ohne Verfassungsrang.[17] All diese normativen Vorgaben formen den Steuerungsapparat und bestimmen damit, welche Staatsform und Wirtschaftsordnung eine Gesellschaft herausbildet. Sie entscheiden, ob wir in einer Demokratie oder Autokratie leben, in einem Rechts- oder Willkürstaat, in einer Markt- oder Planwirtschaft, in einer Wohlfahrtsökonomie oder in einer rein liberalen Wirtschaftsordnung. Sie legen fest, welche Horizonte eine Gesellschaft anpeilt, welche Bandagen ihren Kapitänen angelegt werden und wie zu verhindern ist, dass sie diese durchtrennen.

Ob der sich so ergebende Steuerungsapparat stabil ist und erfolgreiche Steuerungsleistungen hervorbringen kann, hängt letztlich aber auch von zahlreichen weiteren endogenen und exogenen Faktoren ab. So muss ein liberal ausgerichteter Steuerungsapparat ebenso auf einem kompakten sozialen und wirtschaftlichen Fundament stehen, um nicht vom Volk demontiert zu werden.

Dieser etwas grobe Blick auf die Steuerungsapparate soll an dieser Stelle genügen. Teil 4 widmet sich einigen Facetten ausführlicher, und zwar im Kontext der Frage, inwiefern neue Technologien die Konstruktion und Fundamente von Steuerungsapparaten schwächen oder stärken können.

Steuerungsprozesse: Die Pfade der Macht

Nach der oben aufgeführten Beschreibung, wie Gesellschaftssteuerung generell funktioniert, spielt nicht nur der Apparat eine Schlüsselrolle, sondern auch der Steuerungsprozess, also die Mechanik, mit der die Gesellschaft oder besser Teile davon mittels des Steuerungsapparates durch verschiedenste Reize beeinflusst werden sollen. Bei diesem Prozess geht es aus Sicht der Policy-Forschung zentral um die Erstellung und Umsetzung von politischen Handlungsprogrammen, die der Lösung von sich auftuenden Problemen dienen.[18] Derartige Programme bestimmen, welche Horizonte eine Gesellschaft anpeilt und durch welche Reize zu erreichen versucht. Sie werden durch die zuständigen Entscheidungsträger, etwa Präsidenten und Parlamente, vornehmlich in Form von Gesetzen und Verordnungen festgelegt.[19] Ziel ist es, Institutionen und Menschen zum Handeln, Unterlassen oder auch nur zu einem bestimmten Denken zu bewegen. Auf diese Weise sollen die konkreten Vorstellungen der Steuerungsakteure von der Entwicklung der Gesellschaft beziehungsweise der Lösung eines Problems umgesetzt werden.

Dafür können Steuerungsapparate, genauer die jeweiligen Entscheidungsträger, auf vielfältigste Instrumente zurückgreifen. Diese werden in Handlungsprogrammen niedergeschrieben und in der Praxis implementiert. Dabei kann es sich um Steuererleichterungen für Mittelständler oder nur für Großverdiener handeln, um Subventionen für erneuerbare Energien oder Atomkraft, um die Einführung der gleichgeschlechtlichen Ehe oder um Maßnahmen gegen „homosexuelle Propaganda".

Die Handlungs- beziehungsweise Steuerungsprogramme werden im Regelfall in Gesetze und Verordnungen, aber auch Präsidialdekrete und andere allgemein verbindliche Rechtsakte gegossen oder als solche vorbereitet. Steuerungsakteure können jedoch ebenso sehr einfallsreich sein und sich anderer Formen und Medien bedienen, um ihre Programme umzusetzen.

Auch der 45. Präsident der Vereinigten Staaten war bei der Wahl seines bevorzugten Steuerungsmediums eigen. Es erlaubte ihm, so manche Biegung und Wendung nicht aus dem Oval Office heraus anzusteuern, sondern aus der darüberliegenden Etage des Weißen Hauses. In dieser befand sich sein Schlafzimmer. Nach eigenen Angaben lag er, wenn er so manchen Tweet über den Kurznachrichtendienst Twitter absetzte, noch zwischen seinen Laken, Kissen und Federn. Seine Nachrichten konterkarierten teilweise jahrzehntelang etablierte US-amerikanische Außenpolitik.

Der Prozess der Steuerung gestaltet sich im Regelfall recht komplex, kann aber im Einzelfall, wie bei einer Twitter-Nachricht, dem Lieblingsmedium Donald Trumps, auch knapp ausfallen. Trotz derartiger Verfahrensausreißer halte ich es gleichwohl mit der Policy-Forschung für sinnvoll, den Steuerungsprozess in verschiedene Phasen zu unterteilen.[20] Ein solches Verständnis dürfte unserem alltäglichen Blick auf die Politik entsprechen. Auch wenn die definierten Prozessphasen nicht immer im Detail gleichförmig und sukzessiv durchschritten werden, erklären sie dennoch die oftmals ablaufenden generellen Mechanismen. Sie beschreiben, wie der Steuerungsapparat über die Identifizierung einer Problemlage, die Ausarbeitung und Verabschiedung eines Handlungsprogrammes und dessen Implementierung steuernd in gesellschaftliche Sektoren eingreift beziehungsweise einzugreifen versucht.

Die Policy-Forschung und verschiedene andere Forschungsrichtungen versuchen seit Jahrzehnten, innerhalb dieser Phasen weitergehend allgemeingültige, sektor- und auch programmspezifische Wirkfaktoren zu identifizieren.[21] Ich denke etwa an die Rechtswirkungsforschung im Allgemeinen oder an die Finanz- und Arbeitsmarktforschung im Besonderen. Für unsere Zwecke genügt jedoch zunächst die Kenntnis von der Existenz der umrissenen Phasen, auf die ich in Teil 3 noch genauer zu sprechen komme, wenn es um die Frage geht, welche Technologien bestimmte Prozessabschnitte revolutionieren können.

2.5

Vom Ende der Theorie

Chris Anderson, ehemaliger Chefredakteur des Magazins *WIRED*, stellte im Jahr 2008 in einem heiß diskutierten Artikel die provokante These auf, dass das neue technologische Zeitalter das Ende der Wissenschaft einläute, zumindest so, wie wir sie kennen.[22] Er prognostizierte das Ende der Theorie. Die enormen Datenmengen und statistischen Auswertungsmethoden der neuen Zeit sollten jede Theorie, jedes Modell, jede Erklärung der realen Welt obsolet machen. Der Mensch könne sich mit der vollumfänglichen Beschreibung der Umwelt und seines Innenlebens durch die maschinelle Erhebung und Auswertung von Daten zufriedengeben. Wenn Daten die Welt vollumfänglich abbildeten, gebe es keinen Grund mehr zu theoretisieren, warum die Welt so ist, wie sie ist. Vor Augen hatte Anderson dabei den außerordentlichen Erfolg von Google. Seiner Ansicht nach verfügte Google einst über keinerlei Kenntnisse der Regeln des Werbemarktes. Dennoch rollte das Unternehmen die gesamte Branche auf, und zwar vorgeblich nur auf der Basis zur Verfügung stehender Daten.

In den vorangehenden Kapiteln wurde unterstellt, dass es auch für die Erschaffung zukünftiger digitaler Steuerungsassistenten – genauer für das Design ihrer Algorithmen – des Wissens oder zumindest theoretischer Konstrukte über gesellschaftliche Zusammenhänge und die gesellschaftliche Steuerung bedarf. Trifft jedoch Andersons Gedankengang zu, ließen sich vielleicht auch zuverlässige Steuerungsmaschinen ohne theoretische Basis bauen. Denken wir an ChatGPT (Version basierend auf GPT-4), leuchtet die Idee durchaus ein. Schließlich kalkuliert der smarte Textgenerator ebenso wenig mit wissenschaftlichen Modellen. Er arbeitet auf der Basis von Mustern, die in einer Fülle von menschlichen Wortfolgen identifiziert wurden. Gefragt nach steuernden Eingriffen, etwa um die Jugendarbeitslosigkeit in Deutschland zu senken, weiß ChatGPT gleichwohl mit Souveränität in Sekundenschnelle plausible Empfehlungen auf den Bildschirm zu bringen. Was ist daher an Andersons These dran?

Zumindest in Bezug auf das Problem der Gesellschaftssteuerung nicht viel. Angesichts der enormen sozialen, wirtschaftlichen und politischen Risiken von Fehlsteuerungen muss staatliche Regulierung auf möglichst soliden Wissensfundamenten und Theoriemodellen aufbauen beziehungsweise von solchen abgesichert werden. Riesige Datenclouds mögen uns, je nach Qualität und Quantität der eingehenden Daten, auf den richtigen Weg bringen. (In Kapitel 3.4 kommen wir darauf im Kontext von smarten Gesetzgebungstechnologien noch einmal zurück.) Sie ersetzen aber keine wissens- oder theoriegeleitete menschliche Datenauswahl, Prüfung, Feedbackschleifen und weitergehende kreative Forschung.

Verzichtbar wären Theorien, Modelle und Erklärungen eventuell, wenn hoch entwickelte künstlich-intelligente Maschinen über korrekte, vollumfängliche, stets aktuelle Daten verfügen würden, und zwar über Daten zum kompletten Universum, von kosmischen Stürmen bis zu unseren intimsten Gedanken. Jeder Fehler in den Daten, jede Datenlücke würde Fehlvorstellungen und Unsicherheiten über die reale Welt hinterlassen, die wiederum nur mit weitergehendem menschlichem Wissen, Theorien und Modellen adressiert werden können. Und von diesen Fehlvorstellungen und Datenlücken wird es selbst in der entferntesten Zukunft reichlich geben. Es wird Maschinen kaum gelingen, die Komplexitäten unserer Welt, einschließlich der Faktoren, die unsere Gesellschaften bestimmen, komplett sowie stets richtig und aktuell zu erfassen. Theorien, Modelle und Erklärungen bleiben daher unverzichtbar. Ganz abgesehen davon wäre der Mensch nicht mehr der Mensch, wenn er aufhörte, nach Erklärungen zu suchen, zu philosophieren und zu theoretisieren.

Dessen ungeachtet übt Andersons These eine Faszination in der IT-Branche aus, der sich so manche Führungsetage von Internet-Giganten nicht entziehen kann. So entwickelte Amazon vor einigen Jahren eine recht eigenwillige KI zur Rekrutierung von Mitarbeitern. Aus der Flut von Stellenbewerbern für technische Positionen sollte sie die für Amazon passendsten Aspiranten selektieren. In diesem oft zitierten Beispiel ging man dabei im Sinne von Andersons These davon aus, dass sich die Eigenschaften der Idealkandidaten schlicht an Mustern von Bestandsdaten ablesen lassen. Zur Bestimmung der präferierten Merkmale ließ Amazon das System die Lebensläufe der angenommenen Bewerber der letzten zehn Jahre durchforsten. Es handelte sich vorwiegend um Männer. Die geschaffene Künstliche Intelligenz schlussfolgerte daraus – man muss nicht lange raten –, dass Amazon Männer für geeigneter als Frauen hält und es vor allem auf diese abgesehen hat. Beides traf nicht zu. Selbst nach einer Überarbeitung des Algorithmus konnte Amazon weitergehende diskriminierende Voreingenommenheiten nicht ausschließen. Letztlich musterte das Unternehmen seine chauvinistische Maschine aus.[23]

Das Beispiel soll nicht in ein Plädoyer gegen generative Künstliche Intelligenz wie ChatGPT, die auf Big Data zurückgreift, münden. Es zeigt nur, dass wir nicht voller Euphorie für die neuen technischen Möglichkeiten unbedarft auf diese zurückgreifen sollten. Wir sollten es uns nicht nehmen lassen, zu verstehen und zu hinterfragen, welche Daten auf welche Weise von Maschinen gesammelt und ausgewertet werden. Nur so können Voreingenommenheiten, Verzerrungen, Fehlerrisiken und der Zugriff auf sich verbietende Datenquellen identifiziert werden. Dafür benötigen wir Wissen über uns und unsere Umwelt sowie Lücken füllende theoretische Modelle.

TEIL 3

Steuerung im digitalen Zeitalter: Bits und Bytes, die Gesellschaften lenken

3.1

Hinter den Glasfronten des MIT

Es ist nicht überliefert, ob Beth Noveck und Alex Pentland einander kennen und ob sich ihre Wege irgendwo hinter den Glasfronten des MIT Media Lab oder im legendären Muddy Charles Pub vor den Toren von Boston kreuzten. Beide trennen 20 Jahre, aber nicht ihre Ambitionen, Regierungen klüger zu machen. Noveck und Pentland folgen ihren eigenen Visionen. Diese widersprechen einander nicht, könnten aber unterschiedlicher kaum sein. Noveck ist Verfechterin der Schwarmintelligenz. Regierungen sollen nach ihrer Auffassung das Wissen und die Erfahrungen der Bürger für den Staat nutzbar machen.[24] Systematisch und auf technologischem Wege. Pentland, von Haus aus Informatiker, sieht hingegen Big Data und Maschinen als prioritäres Mittel, den IQ von Administrationen in neue Höhen zu treiben.[25] Er ist Vorreiter einer sich an Datenmustern orientierenden digitalen Regierungsführung. Die Visionen Novecks und Pentlands sind kompatibel und könnten Regierungen und Städte weltweit tief ins 21. Jahrhundert katapultieren. Gäbe es da nicht diesen Wermutstropfen, den Noveck vergießt.

Beth Noveck ist eine Kapazität auf dem Gebiet, wo sich Technologie und Gesellschaftswissenschaften überschneiden. Aber nicht nur das. Im

Gegensatz zu ihren Kollegen kennt sie so manchen Korridor und Winkel des Weißen Hauses, in dem sich die Widerstände des Systems gegen Neuerungen formen.[26] Schon als Enddreißigerin berief Barack Obama sie zur Direktorin der Open Government Initiative des Weißen Hauses. An vorderster Front sollte sie Teile ihrer Visionen in Realitäten verwandeln. Visionen, die in letzter Konsequenz nichts weniger als die Umgestaltung althergebrachten Regierungshandelns erfordern würden, indem sie die Bürger virtuell in die politischen Zentren der Macht vorrücken ließen. Der Appetit auf derartige Veränderungen fiel aber in der 1600 Pennsylvania Avenue gering aus. Soziologen würden nüchtern auf die operationale Geschlossenheit selbstreferenzieller Systeme verweisen. Für Noveck handelte es sich schlicht um frustrierende, engstirnige Abschottungen des Establishments gegen Neuerungen, die in ihren Augen in die Zukunft führten. Abschottungen, die vielleicht dem System- und Machterhalt dienen, die uns aber möglicherweise auch vor zu schnellen riskanten Manövern der Umgestaltung schützen. Lassen wir uns an dieser Stelle jedoch nicht von denkbaren Abwehrreflexen der Administrationen davon abbringen, die technologischen Möglichkeiten kommender Tage in Augenschein zu nehmen.

Erinnern wir uns an Teil 1. In dessen Fokus stand die Vision einer höchst zuverlässigen Künstlichen Superintelligenz, der die Steuerung von Gesellschaften komplett anvertraut wird. Wollen wir realistischer an die Sache herangehen, müssen wir den Prozess der Steuerung herunterbrechen, und zwar im beschriebenen Sinne der Policy-Forschung. Auch Maschinen, die sich nur auf einzelne Steuerungsphasen und Aufgaben konzentrieren, werden uns weit in die Zukunft katapultieren und den Staat in ein Mischwesen aus Mensch und Maschine transformieren. Suchen wir nach denkbaren Szenarien und fragen wir in deren Kontext vor allem auch danach, was sie für uns Menschen, unseren beruflichen und privaten Alltag bedeuten würden.

Bei den Technologien, die einzelne Steuerungsphasen überformen könnten, mag es sich um solche handeln, die Beth Noveck und Alex

Pentland vorschweben, aber auch um solche, die viele andere ihrer Kollegen im Kopf haben, wenn sie über die Steuerungstechnologien der Zukunft nachdenken. Beschränken wir uns daher nicht nur auf die Ideen dieser beiden Vordenker. Räumen wir gerade auch Künstlicher Intelligenz ausreichend Platz ein. Nicht nur, weil sie generell ein erhebliches Potenzial zur gesellschaftlichen Überformung mit sich bringt, sondern auch, weil ihr abgewogener und kontrollierter Einsatz im Staatsdienst angesichts zunehmender Erfahrungen und effektiver staatlicher KI-Regulierung immer mehr opportun erscheinen wird.

Die Policy-Forschung unterteilt den Steuerungsprozess in Phasen, die sich zu „Policy Cycles" zusammenfassen lassen. Diese Ablaufschemas entsprechen im Detail nicht immer den Realitäten, erlauben aber einen systematischen Blick auf die verschiedenen denkbaren Phasen politischer Steuerungsentscheidungen.[27] Den Zwecken dieses Buches genügt dabei das folgende, sich auf das Wesentliche konzentrierende Schema: der Steuerungsimpuls[28] (dazu Kapitel 3.2), die Programmplanung (Kapitel 3.3 und 3.4), die Steuerungsentscheidung (Kapitel 3.5) und die Programmumsetzung (Kapitel 3.6, 3.7 und 3.8).

3.2

Echo der Gesellschaft: Digitale Impulse für politische Reaktionen

Wie bei jeder menschlichen Entscheidung geht auch einer Steuerungsentscheidung ein Impuls voraus. Dabei kann es sich um einen Anstoß zu einer Handlung, einem Unterlassen oder auch nur zu einem Gedankenspiel handeln. Ein solcher Steuerungsimpuls kann aus einer politischen Zwangssituation herrühren, aber auch aus einer sonstigen sich aufdrängenden Problemlage. Er bringt den Steuerungsakteur, etwa einen Präsidenten, ein Parlament oder die zuarbeitenden Stäbe und Administrationen, dazu, über die Notwendigkeit des Eingreifens und damit über die Notwendigkeit von konkreten Steuerungsmaßnahmen nachzudenken und gegebenenfalls in deren konkrete Planung einzusteigen. Seltener lösen Impulse reflexartige Reaktionen, etwa in Form der bereits oben erwähnten Twitter-Nachrichten des 45. Präsidenten der Vereinigten Staaten, aus.

Nicht jedes Problem schafft es, in die politische Sphäre vorzudringen und dort eine Reaktion hervorzurufen. Zunächst ist die Frage, ob ein Thema eine Problemlage darstellt, subjektiv. Dort, wo ich Reformbedarf sehe, muss das mein Nachbar noch lange nicht tun und auch nicht das politische System.[29] Hinzu kommt, dass das System überfordert wäre, wenn es sich mit jeder Problemkonstellation auseinandersetzen müsste. Daher erfolgt eine Selektion von Themen, die es auf die politische Agenda schaffen.

Ob ein Thema diesen Auswahlprozess erfolgreich übersteht, hängt von verschiedenen Faktoren ab: von der Macht, der Zeit und dem Wissen der von einem Thema betroffenen Akteure, aber auch von der erregten öffentlichen Aufmerksamkeit, der Rezeption in den Massenmedien, der Unterstützung durch Parteien, Interessengruppen oder Teile des Steuerungsapparates.[30]

Für dieses initiale Stadium können verschiedene Technologien und Ideen in die Diskussion eingeführt werden: angefangen von den Plattformen sozialer Netzwerke, auf denen öffentliche Aufmerksamkeit generiert wird, über Formen virtueller beziehungsweise elektronischer Bürgerbeteiligung, wie sie Beth Noveck und vielen anderen vorschweben, um direkte Zugänge zu Entscheidungsträgern zu schaffen, bis hin zu Künstlicher Intelligenz, die im Sinne von Alex Pentland große Datenbestände analysiert, um Problemlagen zu identifizieren und schließlich Handlungsbedarfe zu markieren.

Formen virtueller Bürgerbeteiligung haben dabei bereits ihren Weg in zahlreiche Steuerungsapparate gefunden.[31] Eindrucksvoll wird diese Entwicklung durch den E-Participation-Index der Vereinten Nationen dokumentiert.[32] Denken wir etwa an elektronisch organisierte Petitionsverfahren oder an digitale parlamentarische Bürgerinitiativen, die die politischen Entscheidungsträger dazu bringen oder gar zwingen, sich eines bestimmten Themas anzunehmen. Ich werde darauf in Kapitel 4.6 zurückkommen.

Auch das große Potenzial sozialer Netzwerke und Mikroblogging-Plattformen, politische Agenden mitzubestimmen, konnte man in der jüngeren Vergangenheit erahnen. Kraftvolle Bewegungen wie Black Lives Matter, Fridays for Future und #MeToo wirken bis heute nach. Sie alle schöpften ihre Energie aus der Onlinewelt, wurden von den klassischen Medien verstärkt und schrieben die politischen Agenden mit.

Das Potenzial der virtuellen Bürgerbeteiligung und der sozialen Medien, in das initiale Steuerungsstadium einzugreifen, ist enorm, aber das gilt genauso für Maschinen und Künstliche Intelligenz. Beschäftigen wir uns mit deren Potenzial, die politischen Agenden mitzubestimmen, im Folgenden genauer. Wenn sie sich als verlässliche Taktgeber erweisen, die dem Puls des Volkes und den Problemen der Zeit genau nachspüren und diese antizipieren, bedürften soziale Bewegungen zumindest theoretisch weniger Kraft. Die in Regierung und Opposition vertretenen Parteien würden aus diesen Problemlagen resultierende politische Potenziale und Gefahren früher und verlässlicher einschätzen und deren Entwicklung verfolgen können, als dies mit heutigen Meinungsumfragen möglich ist. Sicherlich kein Allheilmittel für alle Fälle, dennoch würden es so manche brisante Themen der Bürger und Unternehmen schneller auf die politischen Agenden schaffen und so gegebenenfalls ohne breit unterstützte Petitionen und Bürgerbewegungen die politischen Entscheidungsträger antreiben. Eine Erleichterung für all diejenigen, die nicht in der Lage wären, solche Bewegungen bei nachweisbar kritischen Problemlagen zu organisieren.

Technologiebasierte Problemdefinition für moderne Politik

Der Einsatz von intelligenten Maschinen ist im Grunde für beide wesentlichen Prozesse denkbar, die in der initialen Steuerungsphase ablaufen: die Problemdefinition und das Agenda-Setting. Bei der Problemdefinition geht es darum, das in das politische System einzubringende Thema, seine Relevanz und Dimensionen genau zu beschreiben und argumentativ, etwa mit Daten und glaubhaften Entwicklungsszenarien, zu untermauern.[33] Die richtige Definition eines Problems ist entscheidend für die öffentliche und politische Aufmerksamkeit, das Agenda-Setting und die Allokation von notwendigen Ressourcen des politischen Systems im weiteren Verlauf. Das Agenda-Setting dient daneben dazu, das Thema so zu lancieren, dass es tatsächlich auf die politische Agenda gelangt und damit den politischen Entscheidungsprozess anstößt.

Beim Prozess der Problemdefinition gilt es, Problemlagen in Gegenwart und Vergangenheit zu analysieren und mit Daten zu belegen. Die Idee, Computertechnologie zur Analyse gesellschaftlicher Probleme einzusetzen, ist nicht neu. Künstliche Intelligenz wird sie aber in eine neue Dimension führen, indem sie Big Data, also enorme Datenquellen, einsetzt. Denken wir nur an das Internet und soziale Netzwerke, an Mobiltelefone, an mit dem Internet vernetzte Geräte und an Kameras und Sensoren, die uns manchenorts umgeben. Anhand von Satellitenscans landwirtschaftlicher Flächen könnten Maschinen kritische Entwicklungen bei der Ernte identifizieren. Mittels Mautdaten ließen sich Fluktuationen beim Gütertransport messen, die potenziell Aussagen über den Zustand bestimmter Teile der Industrieproduktion eines Landes erlauben.[34]

Maschinen müssen sich jedoch nicht auf die Analyse vergangener und gegenwärtiger Zustände und Prozesse beschränken. Auf Basis von Datenmustern können sie ebenso Prognosen erstellen[35] oder uns auch ermöglichen, zukünftige gesellschaftliche Entwicklungen und staatliche Eingriffe durchzuspielen. Aus diesen Ideen haben sich bereits zwei Fachrichtungen entwickelt, die Prädiktive Analytik und die Soziale Simulation. An ersten Anwendungen, etwa Conflict Prediction Machines, arbeiten nicht mehr nur universitäre Institute, sondern ebenso Firmen, die sicherlich zu Recht ein gutes Geschäft mit staatlichen Stellen und Interessenvertretern wittern.[36] Davon abgesehen haben weltweit Regierungen erste Einheiten eingerichtet oder beauftragt, die aufkommende Problemlagen datenbasiert identifizieren. Dazu zählen etwa das Center for Strategic Foresight der US-Regierung, das Joint Research Centre der Europäischen Union oder Japans National Institute of Science and Technology Policy.[37]

Mit den entstehenden smarten Maschinen und Anwendungen können staatliche wie nicht-staatliche Akteure potenziell gesellschaftliche Prozesse, Herausforderungen, Hemmnisse und Bürden erkennen und Steuerungsnotwendigkeiten rechtzeitig identifizieren. So werden uns Vorhersagemaschinen in die Lage versetzen, zuverlässiger als bisher die zukünftige Wirtschaftskraft eines Landes und die Entwicklungen auf dessen Arbeitsmärkten zu prognostizieren. Genauso gut werden sie uns helfen, künftige Belastungsspitzen und Engpässe in allen kritischen gesellschaftlichen Systemen aufzudecken: in Versorgungseinrichtungen für Energie und Trinkwasser, in den Krankenversorgungs-, Sozial-, Renten- und Bildungssystemen sowie in Verkehrsinfrastrukturen. Sie lassen sich ebenfalls einsetzen, um existierende oder potenzielle soziale Brennpunkte und Kriminalitätsherde zu verorten und um Wahrscheinlichkeiten für Epidemien, bestimmte Flüchtlingsbewegungen sowie soziale Unruhen zu bestimmen.

Das Risiko dieser neuen Instrumente liegt zweifelsohne zum einen darin, dass vor allem besser betuchte Interessengruppen über sie verfügen beziehungsweise den Zugriff darauf finanzieren können. Ihr Einfluss auf die Festlegung politischer Agenden könnte im Verhältnis zu Gesellschaftsschichten, deren Interessen weniger stark vertreten sind, weiter zunehmen. Das gilt insbesondere dann, wenn sie ihre Urheberschaft an Daten verschleiern oder mit ihnen intransparente Ziele verfolgen, sodass die Daten eher als objektiv generiert erscheinen.[38] Zum anderen könnten Interessengruppen, demokratiefeindliche und uns weniger gut gesonnene ausländische Kräfte mithilfe von Maschinenintelligenz überzeugend erscheinende Daten über Problemlagen generieren und öffentlich verbreiten, die mit der Realität wenig zu tun haben. Vor diesem Hintergrund ist der Staat aufgefordert, eigene digitale Früherkennungssysteme zu implementieren oder bei deren Fehlen unabhängige Studien zu beauftragen. Erst sie werden Parlamentariern und Regierungen einen eigenen Blick auf Problemlagen ermöglichen.

Digitale Dirigenten: KI-geleitetes Agenda-Setting?

Ist das zu lösende Problem definiert und ausreichend untermauert, läuft es immer noch Gefahr, vom politischen System und den Entscheidungsträgern ignoriert zu werden. Das Ziel außerhalb und innerhalb des Systems stehender Akteure besteht daher im nächsten Schritt darin, das Thema auf der politischen Agenda zu platzieren. Die dabei im Wege stehenden Systemfilter lassen sich in vielen Fällen jedoch nur mit ausgefeilten Strategien politischer Kommunikation durchdringen. Diese bauen nicht nur auf Kontaktnetzwerken und ausreichenden finanziellen Ressourcen auf, sondern auch auf Erfahrungen mit den politischen Prozessen, den Zyklen politischer und medialer Wahrnehmung und den üblichen Kommunikationsmustern von Politik, Medien und Öffentlichkeit. Das Know-how darüber, wann wie welche Türöffner betätigt und Massenmedien oder soziale Netzwerke eingeschaltet werden müssen, ist ein hoch begehrtes Gut. Es ist daher wohl nur eine Frage der Zeit, bis intelligente Maschinen eingesetzt werden, um danach zu forschen. Die größte Herausforderung wird dabei in der Beschaffung ausreichend aussagekräftiger Daten bestehen. Die politische Kommunikation ist beinahe eine Geheimwissenschaft; sie ist äußerst vielschichtig und wird von den Akteuren oftmals bewusst intransparent gehalten. Ein Albtraum für jeden Datenspezialisten ...

Hat es ein konkreter Gesetzesvorschlag bereits auf die Agenda der Entscheidungsträger geschafft, stehen weitaus ergiebigere Datenquellen zur Verfügung. Denken wir an die Wortlaute erfolgreicher und erfolgloser Gesetzesinitiativen, an die Sitzungsprotokolle von Parlamenten oder die politischen Programme von Parlamentsparteien. Auf Basis einiger dieser Quellen wurde bereits mit unterschiedlichem Erfolg versucht, Vorhersagen darüber zu treffen, ob Gesetzesvorschläge den US-Kongress, seine Kammern und Ausschüsse passieren und letztlich als Gesetze erlassen werden.[39] John J. Nay etwa verwandte für sein Vorhersagemodell Texte von Gesetzesvorlagen mehrerer Legislaturperioden sowie Dutzende weiterer Variablen wie die Anzahl und

Parteizugehörigkeit der Förderer einer Initiative.[40] Derartige Vorhersagemodelle könnten in Zukunft wichtige Werkzeuge der politischen Kommunikation und der Optimierung von Gesetzesinitiativen bilden. Sie könnten dabei nicht nur nach dem Zeitpunkt eingesetzt werden, zu dem es eine Gesetzesinitiative auf das politische Tableau geschafft hat, sondern auch schon davor. Das Wissen um den potenziellen Erfolg einer Initiative sollte es einfacher machen, diese auf den Agenden der Entscheidungsträger und der vorbereitenden Administrationen zu platzieren.

Schließlich sind in einer fernen Zukunft auch Maschinen denkbar, die Problemdefinition und Agenda-Setting miteinander verbinden. Es könnte sich um Maschinen, genauer um Big Data filternde Künstliche Intelligenzen handeln, die vom politischen System und seinen staatlichen Administrationen betrieben werden. Sie erkennen selbstständig gesellschaftliche Schieflagen, analysieren diese, treffen Prognosen über deren weitere Entwicklung und setzen sie auf die Agenden von Parlamenten, Regierungen oder anderen Verwaltungsebenen. Nehmen etwa die Steuereinnahmen entgegen allen positiven Indikatoren ab, beginnen Maschinen nach den Ursachen für diese Anomalie zu forschen. Haben sie das Loch entdeckt, durch das unversteuerte Unternehmensgewinne in Millionenhöhe fließen, platzieren sie das Thema auf dem Radar des Fiskus oder schlagen Gesetzesplanern bereits konkrete Ideen zur Reparatur dieses Lecks vor. Voraussetzung für derartige Technologien ist, dass über die Zeit ausreichend Daten und Muster diverser Problemlagen, der gesetzgeberischen Antworten und ihrer Effekte gesammelt und in digitalen Modellen abgebildet werden. Davon sind wir derzeit zwar noch denkbar weit entfernt. Die sich derzeit auftuende Forschung zu sozialen Digitalen Zwillingen, auf die ich weiter unten noch zu sprechen komme, scheint jedoch bereits in diese noch utopisch klingende Richtung zu weisen.

3.3

Rechtsschöpfung durch KI und Co: Die Zukunft der legislativen Planung

Probleme und Regelungsvorschläge, die von den Gatekeepern als verfolgungswürdig identifiziert wurden und sodann durch die Schleusen des politischen Systems gelangen, werden zuerst von Administrationen und den Stäben der Entscheidungsträger aufgegriffen. Es folgt eine Phase der Programmplanung beziehungsweise der Programmentwicklung. In dieser Zeit analysieren, diskutieren und formulieren institutionelle, politische, aber auch nicht-staatliche Akteure Handlungs- beziehungsweise Steuerungsprogramme, die ein fokussiertes Problem bestmöglich regeln. Die jeweiligen Programme weisen je nach Art verschiedene Kerncharakteristika auf. Dazu zählen die mit einem Programm verfolgten Ziele, die dafür erforderlichen Maßnahmen und Rechtskonzepte, die Adressaten und Träger sowie die zur Maßnahmenumsetzung erforderlichen Mittel, etwa finanzielle, personelle und technische Ressourcen.[41]

Die bei der Programmentwicklung ablaufenden Prozesse vollziehen sich innerhalb institutionalisierter Rahmen, die zumeist durch rechtliche Verfahrensregeln oder Leitlinien der involvierten Akteure vorgegeben sind. Sie orientieren sich an Vorgaben der Verfassung, an bereits bestehenden politischen Programmen und politischen Prioritäten. Entgegen allem Wunschdenken können diese Prozesse aber nicht zwangsläufig als rational und zielorientiert beschrieben werden. Das ist der begrenzten institutionellen und individuellen Verarbeitungskapazität der involvierten Akteure geschuldet, vor allem aber dem Umstand ihres Zusammenspiels. Die reale politische Welt ist dadurch gekennzeichnet, dass die jeweiligen Akteure unterschiedliche Vorstellungen von den zu verfolgenden Zielen haben. Sie fühlen sich unterschiedlichen Wertgerüsten verpflichtet und sind geteilter Meinung über Kausalzusammenhänge und das, was als Programm machbar und aus der eigenen politischen Position heraus vertretbar ist.[42] Diese Gemengelage zwingt die Akteure nicht nur in der Entscheidungsphase, sondern oftmals auch schon in der Planungsphase zu pragmatischem Handeln.

Das hier ausgerollte Feld könnte zu einer Domäne von Maschinen werden.[43] Sie könnten Struktur und Ordnung in die Gemengelage bringen – in multiple Ziele und konträre Interessenlagen, in die Komplexität rechtlicher und politischer Determinanten und Kostenrestriktionen, in das Durcheinander von erwiesenen und vermuteten Effekten etwaiger Handlungsoptionen und in die Unsicherheiten, die ihre Umsetzung betreffen.

Profiteure der neuen Ordnung wären aber nicht nur die an der Gesetzgebung beteiligten Akteure, sondern vor allem wir Bürger und unsere Unternehmen. Gesetzgebung ist ein Geschäft unter Risiko. Die zu regulierenden Sachverhalte sind komplex, ihre weitere Entwicklung schwer einschätzbar und Eingriffe in diese sowie deren Wirkungen umso mehr. Dieser Umstand öffnet nicht nur Räume für sich widersprechende Expertenmeinungen, parteitaktische Deutungen und eigene Sichtweisen von Interessengruppen. Vor allem birgt dieser Umstand Risiken der uns treffenden Fehlsteuerung, der unberücksichtigten Nebenwirkungen, der nutzlosen Staatsausgaben, die an anderer Stelle fehlen, und der ungelösten Problemlagen.

Neue smarte Technologien würden den Parlamenten zwar nicht die politische Abwägung abnehmen – etwa zwischen wirtschaftlichen Impulsen und einer Verschärfung der Einkommensungleichheit bei einer Steuerreform oder zwischen der Bekämpfung des Klimawandels und wirtschaftlichen Belastungen durch ein Gesetz zur Emissionsreduzierung. Sie würden aber unter anderem wesentlich die Sicht der Parlamente, der Bürger und Medien auf die angenommenen positiven wie negativen Effekte verbessern, die in die Abwägung eingehen. Sie würden die Perspektive darauf klären, wie Gesetzgebungsakte uns als Bevölkerung treffen werden und ob die Politik für Fehlsteuerungen verantwortlich zu machen ist.

Die Vision

Man kann Alex Pentland sicherlich nicht absprechen, ein Visionär zu sein. Die revolutionären Ideen, denen er hinterherjagt, sollten den Berufsstand der Sozial- und Politikwissenschaftler in wahre Aufregung versetzen. Pentland meint, einen Weg gefunden zu haben, die Soziologie sowie all die Gesetze über menschliche Gruppen und Gesellschaften neu formulieren zu können.[44] Sich endlos auftürmende Datenberge sollen den Input für wenige mathematische Modelle bilden, die menschliches Verhalten beschreiben und mit denen staatliche Interventionen präzise entworfen und exakt vorhergesagt werden können. Politische Meinungsbildung, Wahlbeteiligung, Kaufverhalten, Energieeinsparung und Gesundheitsvorsorge – all diese Phänomene ließen sich adäquat erfassen. Unter Berufung auf Auguste Comte nennt Pentland das von ihm bestellte Feld „Soziale Physik“ – eine Sammlung von auf Gruppen, Unternehmen, Städte und Gesellschaften anwendbaren Ansätzen, die die bisherigen fragmentarischen Theorien der Soziologie in das Reich der Schatten verbannen könnte.[45]

Folgen wir dem theoretischen Pfad von Pentland noch etwas weiter, dürfte die Aussicht nicht fernliegen, wahre Gesetzgebungsmaschinen schaffen zu können. Unter diesem Begriff verstehe ich Maschinen, die vollautomatisch Problemlagen analysieren und prognostizieren, sodann Lösungsalternativen kreieren, simulieren und diese anhand von vorgegebenen Zielmarken und rechtlichen wie politischen Kriterien bewerten. Anschließend vergleichen sie die evaluierten Alternativen, selektieren einzelne, übersetzen sie in Gesetzessprache und kombinieren sie zu kompakten Gesetzgebungsentwürfen.

Derartige Maschinen würden sicherlich am stringentesten Ordnung in das Gemenge des politischen Planungsprozesses bringen. Von einer höchst zuverlässigen Superintelligenz JAGS, wie sie im Fokus von Teil 1 stand, würden sich solche Technologien gleichwohl wesentlich unterscheiden. Sie würden keinen allumfassenden Steuerungsanspruch erheben. Schließlich entscheiden sie weder über die Annahme der von ihnen kalkulierten Gesetzesvorlagen noch sorgen sie für deren Umsetzung in der Praxis. Respekt und Ängste der Regierten wären ihnen aber gleichwohl gewiss. Schließlich handelte es sich um Maschinen, die allein durch ihren Input für Gesetzgeber das Leben von Millionen von Individuen und deren Umwelt mitbestimmen. Wie realistisch ist aber die Konstruktion derartiger Gesetzgebungsmaschinen?

Wahre Gesetzgebungsmaschinen

Zweifelsohne verlangt ein derart visionäres Konzept Unmengen von Informationen über uns Individuen, über unser Sozialverhalten, über all die Abläufe und Funktionszusammenhänge innerhalb einzelner gesellschaftlicher Subsysteme und natürlich über deren Steuerung durch Recht und Ordnung. Angesprochen sind damit Informationen über soziale Gemeinschaften, individuelle Märkte, Industrien, Behörden, Versorgungs- und Infrastruktursysteme sowie über jeweils darauf gerichtete staatliche Eingriffe.

Die Euphorie mancher Datenspezialisten wirkt ansteckend, wenn sie über die Möglichkeiten ihrer neuen Disziplinen, Data-Mining und

Reality-Mining, schreiben.[46] Beide stellen die zentralen methodenbezogenen Forschungsfelder der Computational Social Science dar, auf deren Basis Verfahren und Technologien entwickelt werden, die umfassende Informationen aus den angesprochenen Bereichen bereitstellen und der Vision von wahren Gesetzgebungsmaschinen, etwa in Form künstlich-intelligenter Systeme, reale Konturen geben.

Data-Mining ist etwas breiter angelegt als Reality-Mining. Beide Ansätze sind darauf ausgerichtet, Regelmäßigkeiten, Muster, Trends und verborgene Zusammenhänge in großen Datenmengen zu identifizieren.[47] Die analysierten Datenbestände können sozialer, wirtschaftlicher oder auch normativer Natur sein und Individuen, Gemeinschaften, Unternehmen, staatliche Institutionen, aber auch ganze Städte, Nationen oder die globale Gesellschaft betreffen. Maschinen und Künstliche Intelligenz könnten mit Mustern und Auffälligkeiten trainieren, die mit diesen Methoden isoliert wurden, damit sie in Zukunft typische Problemlagen wiedererkennen und daraufhin erlernte regulative Antworten geben und in Gesetzesform zusammenstellen können.

Auf den ersten Blick scheint die Entwicklung derartiger Technologien nicht an den theoretisch beschaffbaren Datenmengen zu scheitern. Schließlich wartet Big Data mit immensen Vorräten aus immer mehr vernetzten Endgeräten des täglichen Lebens auf: etwa aus sozialen Netzwerken, Suchmaschinen, Geldautomaten, Verkehrssensoren und um den Globus kurvenden Satelliten. Mit sogenanntem Smartdust, also Systemen aus vielen winzigen Sensoren und anderen miniaturisierten elektromechanischen Geräten, steht die Sammlung und Übertragung von Daten bereits jetzt vor einer weiteren Revolution. In einer fernen Zukunft könnten aus der Perspektive von Visionären selbst menschliche Gehirne verknüpft und angezapft werden, um mehr Informationen zu gewinnen. Millionenschwere Investitionen treiben die Entwicklung dafür notwendiger Brain-Computer-Interface-Technologien seit Jahren voran.[48] Derzeit haben Finanziers und Forscher vor allem den Gesundheitssektor und die Behandlung neurologischer

Erkrankungen im Visier. Technologievisionär und Multimilliardär Elon Musk jedoch sieht in einem digitalen Zusammenschluss der Menschheit die Superintelligenz, der es bedarf, um uns eines Tages vor einer übermächtigen Künstlichen Intelligenz zu schützen.[49] Sollte es zu einer solchen Fusion kommen, fällt vielleicht auch so manches Datenpaket für die Gesellschaftssteuerung ab.

Aber selbst wenn man von der Nutzbarkeit dieser futuristisch anmutenden Datenbestände ausgeht und auch den Aspekt der Datenschutzrestriktion einmal außer Acht lässt, so eröffnet sich kein Korridor, der zu wahren Gesetzgebungsmaschinen führt. Das mag verwundern. Schließlich kalkulierte selbst ChatGPT-3 bereits unverzagt Gesetzeswerke zu komplizierten Themen wie dem bedingungslosen Grundeinkommen. Der Weg zu elaborierteren Technologien müsste doch prinzipiell offenstehen.

Die Komplexität und Veränderlichkeit der Welt

Bereits in Teil 1 kam ich zu dem Schluss, dass Maschinen vor der Komplexität und Veränderlichkeit der realen Welt genauso kapitulieren werden wie wir Menschen, wenn sie versuchen, all die uns umgebenden Phänomene und Zusammenhänge zu durchdringen und weitere Entwicklungen präzise vorherzusagen. Maschinen werden nicht in der Lage sein, ein komplettes theoretisches Abbild der Welt und ihrer Zukunft zu kalkulieren. Sie werden auf lange Sicht keine soziale Weltformel finden und schon gar keine Formel für den Kosmos, in den unsere soziale Welt eingebettet ist.

Genauso wenig werden Maschinen – trotz enormer Datenbestände und weit entwickelter Data- und Reality-Mining-Methoden – immer wieder auf Muster und Auffälligkeiten stoßen, von denen sie ableiten könnten, in welche Richtung sie eine Gesellschaft steuern sollten. Big Data hat sich als Quelle für Vorhersagen von wiederkehrenden Phänomenen, Alltagsroutinen und festen Charaktereigenschaften erwiesen.

Meine Frühstücksrituale oder meine politischen Ansichten können von Maschinen besser vorhergesagt werden als von so manch engem Freund. Die Gesellschaft ist aber oft nicht von Rotation und Wiederholung der Ereignisse gekennzeichnet. In ihr treffen wir regelmäßig auf unvorhergesehene, nie da gewesene Entwicklungen und Phänomene, seien es die Übernahme des Oval Office durch einen Populisten, das Platzen einer Immobilienblase mit weltweiten Folgen für die Finanzmärkte, neue Meilensteine in der Genforschung oder die weltweite Zirkulation eines unbekannten Virus.

Hinzu kommt, dass Gesellschaften ihre Reaktionen auf hinlänglich bekannte Phänomene durchaus über die Zeit verändern und weiterentwickeln. Menschen kennen Zeiten, in denen der Handel mit Alkohol verpönt war, genauso wie die Ehe zwischen Mann und Mann oder das Frauenwahlrecht. Ein wenig am Zeiger der Zeit gedreht und das Gegenteil von all dem kann zum kulturellen Selbstverständnis einer Gesellschaft zählen – oder zumindest nicht mehr allzu empörtes Stirnrunzeln hervorrufen. Das politische System bildet derartige Entwicklungen ab, wenngleich zeitverzögert. Muster und Trends in der regulativen Beantwortung von Problemlagen können sich so in vielen Bereichen nur schwerer herausbilden. Digitale Zwillinge werden uns bei der Vorhersage und Simulation von staatlichen Eingriffen in manchen Sektoren effektiv helfen können (siehe Kapitel 3.4). Angesichts der Veränderlichkeit der Gesellschaft und unserer Werte werden aber auch sie sich nicht zu stets verlässlichen planerischen Allzweckwaffen im Sinne wahrer Gesetzgebungsmaschinen entwickeln können.

Die Imitation der Planungskreise

Fraglich bleibt freilich, ob Maschinen auf bekanntem Terrain, also wenn sie für bestimmte sich wiederholende gesellschaftliche Phänomene und Eingriffe über passende Analyse-, Prognose- und Simulationsmodelle verfügen, politisch brauchbare Handlungsprogramme und Gesetze entwerfen können. Das wäre allenfalls denkbar, wenn sie die menschlichen Planungsstäbe und das in diese hineinreichende politische System imitieren, also dessen Eigenschaften und Funktionsweisen identifizieren und kopieren können. Planungsstäbe und politisches System verfügen zusammen nicht nur über das technische Know-how, wie man Gesetze niederschreibt. Vor allem vermitteln sie die sich teilweise über die Zeit ändernden Wertvorstellungen einer Gesellschaft. Diese Werte determinieren bereits in der Planungsphase die Beurteilung und Abwägung von Interessenlagen sowie deren Ausgleich durch die Auswahl bestimmter Regelungsinstrumente eines Gesetzes. Potenzieller Vorteil von in der Tat sehr futuristisch klingenden Technologien, die das menschliche Planungssystem kopieren können, wäre, dass Handlungsprogramme und Gesetze in extrem kurzer Zeit kalkulierbar werden und so Regierungen und Parlamente befähigen könnten, deutlich schneller auf Problemlagen und Krisen zu reagieren. Wie realistisch ist aber nun eine derartige Imitation der an der Planung beteiligten Kreise?

Wie Individuen besitzen auch menschliche Gruppen und gesellschaftliche Subsysteme wie das politische System und Ministerien typische Charakterzüge und Eigenschaften, die teilweise von Maschinen aufgespürt und nachgeahmt werden könnten.

Letztlich stoßen wir aber auch in diesem Kontext auf die auf lange Sicht unüberwindbare Hürde der volatilen, also veränderlichen Komplexität. In Zukunft werden Maschinen womöglich typische Strukturelemente, Operationen, Verfahrensabläufe und normative Leitlinien politischer Systeme und ihrer Planungsstäbe besser als Systemtheoretiker, Historiker und Verfassungsrechtler definieren können. An den Eigenschaften, insbesondere den normativen Orientierungen und Anschauungen, die innerhalb dieser systemischen Settings zu bestimmten Planungsentscheidungen führen, werden sie sich jedoch regelmäßig vergeblich abmühen.

Zwar verfügen politische Systeme und Planungsstäbe über grobe normative Orientierungsmuster, die sich als verfassungsrechtlich, politisch, kulturell, religiös oder ethisch geprägt beschreiben lassen und die zumindest teilweise maschinell abbildbar sind, sofern sie nicht der Änderung unterliegen. Bei der Planung von Steuerungsprogrammen, etwa in Gesetzesform, geben jedoch auch sie nur generelle Richtungen vor. Die zu lösenden Probleme erfordern aber aufgrund ihrer Besonderheit und Neuartigkeit individuelle, wertende Urteile. Aus dem Umstand, dass sich eine Gesellschaft dem Sozialstaatsmodell und dem Rechtsstaatsprinzip verschrieben hat, kann nicht gefolgert werden, wie ein Konzept des bedingungslosen Grundeinkommens aussehen sollte. Genauso wenig folgt aus der Tatsache, dass sich ein Staat der Gleichberechtigung verschrieben hat, wie ein Programm zur Einführung von Frauenquoten in Führungspositionen auszusehen hat.

Zudem sind in pluralistischen Gesellschaften weder alle Teile der groben Orientierungsmuster noch deren situative Ausformungen starr. Die Orientierungen prägender Schlüsselakteure stehen nicht zwangsläufig fest und setzen sich auch nicht immer durch. Ebenso wenig ist die Zusammensetzung der ein Themengebiet bearbeitenden und beurteilenden Personenkreise festgelegt. Je nach Wahlausgang, Regierungs- oder Verwaltungsumbau, je nach Ressortzuständigkeit oder Einfluss von Interessengruppen setzen sich die Fraktionen prägender Akteure anders zusammen. Das gilt auch für allgemeine Orientierungen und die sich ausformenden Detailauffassungen, die individuelle Entscheidungen prägen. Besetzt ein gerade ins Amt gewählter klimaskeptischer US-Präsident seine Umweltschutzbehörde personell neu, führt das mit hoher Wahrscheinlichkeit zu veränderten inhaltlichen Orientierungen.

Hinzu kommt, dass die Prozesse der Gesetzesplanung nicht nur einzelne Urteile und Entscheidungen umfassen, die algorithmisch schwer abzubilden sind. Nein, sie sind gespickt von diesen. Es handelt sich um Urteile und Entscheidungen über die zur Lösung eines Problems heranzuziehenden Regulierungsalternativen, die auf sie bezogenen Bewertungskriterien sowie die vorzunehmenden Bewertungsmaßnahmen wie

Experten- und Stakeholder-Konsultationen oder bestimmte statistische und digitale Beurteilungsverfahren.

Maschinen werden daher nicht in der Lage sein, die Art, wie wir Gesetze vorbereiten, zu imitieren. Theoretisch ist sicherlich als letzter Einwand denkbar, dass sie die Art unserer Politikgestaltung zumindest vereinfacht nachahmen können. Maschinen könnten so programmiert werden, dass sie Gesetze nach wenigen klaren Kriterien der Nutzenmaximierung planen und entwerfen. Sie könnten dabei die Anzahl der zu berücksichtigenden menschlichen Interessenlagen begrenzen und Überzeugungen des Volkes, die sich gewandelt haben, ignorieren, um sich so der Komplexität und Flüchtigkeit der Dinge ein Stück weit zu entziehen. In einer sich stetig ändernden pluralistischen Gesellschaft dürften derart ignorante und konservative Eigenschaften aber kaum auf Gegenliebe stoßen – weder beim Volk noch bei den Parlamentariern, die sich derart kalkulierte Gesetze letztlich zu eigen machen müssten.

Menschliche Schwarmintelligenz

Damit sollten uns in Zukunft keine wahren Gesetzgebungsmaschinen begegnen, weder solche, die die volatile Komplexität der Realität abbilden können, noch solche, die die Planungskreise perfekt imitieren. Es wird daher weiterhin der Mensch sein – genauer Schwärme von ausgebildeten und gewählten Mitgliedern der Gesellschaft –, der in Ministerien, Parlamenten, Regierungen und Expertenkommissionen der Planungsphase die Richtung vorgibt.

Gleichwohl wird sich die Zukunft wesentlich von der Vergangenheit unterscheiden. Maschinen werden Gesetze, die den Ansprüchen einer pluralistischen Gesellschaft genügen, nicht vollautomatisch kalkulieren und druckfertig auswerfen können. Sie werden sich jedoch in den nächsten Jahrzehnten als Routineinstrumente der Gesetzesplanung etablieren und als solche kaum noch wegzudenken sein.

Dabei schweben mir weniger digitale Konzepte der Bürgerbeteiligung vor, die unter den Begriffen CrowdLaw und Policy-Making 3.0 in der jüngeren Vergangenheit eine gewisse Aufmerksamkeit erregten und die sich das Fach- und Alltagswissen von uns Bürgern bei der Gesetzgebung zunutze machen.[50] Ebenso wenig denke ich an derzeit im Aufbau befindliche digitale Plattformen, die Workflows der Gesetzgebung harmonisieren,[51] oder an Systeme algorithmischer Mikroanweisungen, die in weiter Zukunft vielleicht in mancherlei Hinsicht das Gesetz als althergebrachtes Steuerkonzept ablösen (dazu Näheres in Kapitel 3.9).[52]

An dieser Stelle geht es mir vielmehr um digitale Planungsinstrumente, also um Maschinen, die die Sicht des Gesetzgebers und der jeweiligen Planungsstäbe auf das, was es zu regeln gilt, und auf das, was als Steuerungsinstrument infrage kommt, schärfen. Es geht um Instrumente, die noch stärker den Interessen von Bürgern dienen, weil sie zu einer Verbreiterung der Faktenbasis und zuverlässigeren Prognosen und Simulationen der Effekte führen, die das Volk treffen. Dabei handelt es sich nicht nur, aber gerade auch um Technologien, die der bereits erwähnten Computational Social Science zugeordnet werden können.

Bevor diese Technologien in den Fokus rücken, gilt es jedoch noch einen Ausgangspunkt zu klären, der ihre zukünftige Bedeutung noch wesentlich infrage stellen kann: die Relevanz von Faktenwissen und von fundierten theoretischen Annahmen im Gesetzgebungsprozess. Je geringer das Gewicht von Wahrheit beziehungsweise solider Erkenntnis ist, desto weniger bedeutsam sollte die Suche nach ihr mit digitalen Methoden sein.

Das Gespenst der postfaktischen Politik

Ich erinnere mich noch an so manche Abende Mitte der 2010er-Jahre. Wir lagen auf dem Sofa und zappten durch die Talkshows. Die Zeiten schienen es nicht gut zu meinen mit dem, was wir Aufklärung nennen. Spekulationen über ein Zeitalter der postfaktischen Politik machten sich breit.[53] Meinten wir bislang, um wissenschaftliche Erkenntnis zu kreisen und der Wahrheit und Fakten auf der Spur zu sein, schien sich nunmehr eine Zäsur abzuzeichnen, hinter der das Faktische an Kontur verlor und durch Emotionen ersetzt wurde. Demnach erhält eine Aussage keine Relevanz dadurch, dass sie wahr ist, sondern weil sie der Gefühlswelt ihrer Adressaten entspricht.

Die sozialen Netzwerke wurden zu Plätzen dieser auf Täuschung abzielenden und bei Weitem nicht neuen politischen Schule. Populisten und allen voran US-Präsident Donald Trump wussten sie schamlos für ihre Zwecke auszunutzen. Während in führenden Technologie-Instituten an neuen Ansätzen datenbasierter Politik geforscht wurde, schien das dafür erforderliche philosophische Fundament zu entschwinden. Welche Bedeutung sollen schon Maschinen haben, die uns zu mehr Erkenntnis verhelfen, wenn Erkenntnis nicht viel wert ist? Erreichen schon 97 Prozent der Klimaexperten[54] einige Bevölkerungsteile mit ihrer Ansicht zur Erderwärmung nicht, wie sollen dies neuartige Technologien tun?

Trotz alledem kommen aber Abgesänge auf die Aufklärung zu früh. Die Möglichkeiten, die Realität über soziale Netzwerke etwa mittels Bots und Memes zu verzerren, sind sicherlich neu, Lüge, Desinformation und dann aber auch der Versuch, sich einer systematischen Entstellung von Tatsachen zu erwehren, sind es jedoch nicht.

Staaten, die dem Rechtsstaatsprinzip folgen, verfügen im Grunde sogar über Abwehrmechanismen, die sie zumindest vor einem deutlichen Realitätsverlust schützen sollten.[55] Eine gesunde Auseinandersetzung mit der faktischen Welt sollte in ihrer normativen Genetik angelegt sein. Ihnen ist eine dem rechtsstaatlichen Verhältnismäßigkeitsprinzip und damit der Wahrheitsfindung verschriebene Gesetzgebung und Verwaltung sowie eine unabhängig operierende, Fakten prüfende Justiz eigen. So gelang es selbst den USA unter Trumps

Führung, Kämpfe zur Verteidigung dieses grundlegenden Konzepts zu gewinnen, und zwar insbesondere als der Kongress im Jahr 2018 den sogenannten Evidence Act[56] verabschiedete. Welche „alternativen" Fakten der damalige US-Präsident auch immer verbreitete, Bundesministerien und Bundesbehörden waren nach diesem Gesetz angehalten, systematisch Kapazitäten für evidenzbasierte Politikgestaltung aufzubauen.

Angesichts dessen, dass die Idee einer fakten- und nachweisbezogenen Politik seit einiger Zeit Auftrieb erfährt, dürfte in näherer Zukunft Technologien, die helfen zu klären, was überhaupt Realität ist und in Zukunft sein könnte, sogar eine stärkere Bedeutung zukommen. Zugleich werden derartige Technologien aber auch Risiken der Wahrheitsverzerrung und Manipulation in sich bergen und daher eine strikte menschliche Kontrolle erfordern, worauf ich im weiteren Verlauf des Buches noch zu sprechen komme.

3.4

Smarte Gesetzgebungstechnologien

Um mit genauen Fakten zu operieren, nutzen Ministerien und andere gesetzesplanende Einrichtungen herkömmlicherweise Instrumente der klassischen Statistik. Zudem stützen sie sich auf Literatur, konsultieren Fachexperten aus Wissenschaft und Praxis und ziehen Behörden und Kreise von Betroffenen zurate. Diese etablierten Methoden werden in Zukunft nicht bedeutungslos, aber durch neue digitale Planungsinstrumente und von ihnen generierte Daten maßgeblich ergänzt. Die so ermittelten Informationen werden es den Planungsabteilungen einfacher machen, Gesetzesvorlagen zu gestalten und ihre Entscheidungen datenbasiert zu untermauern.

Im Grunde lassen sich digitale Planungsinstrumente in unterschiedliche Kategorien unterteilen. Dazu zählen Technologien der digitalen Bürger- beziehungsweise Stakeholder-Beteiligung genauso wie Forschungs- und Recherchetechnologien und solche, die bei der Niederschrift von Gesetzesfassungen und deren Abstimmung unter den beteiligten Ressorts helfen. Betrachten wir hier die beiden letztgenannten Kategorien genauer.

Intelligente Forschungs- und Recherchetools

Die öffentliche Diskussion um die Möglichkeiten, die die Digitalisierung für die Demokratie bietet, konzentriert sich vor allem auf die digitale Bürger- beziehungsweise Stakeholder-Beteiligung und vernachlässigt dabei ein technologisches Segment, das voraussichtlich von immer kritischerer Natur für den gesetzgeberischen Output sein wird. Es handelt sich um Technologien, die selbst substanziell den Inhalt von Gesetzen und somit die Art und Weise, wie der Staat uns steuert, beeinflussen können. Die Rede ist von Forschungs- und Recherchetools, die Parlamentarier, Regierungen, parlamentarische und ministeriale Referenten und die ihnen zuarbeitenden Wissenschaftler in zunehmenden Maße nutzen werden. Sie liefern kritischen wissenschaftlichen, rechtlichen und umsetzungsbezogenen Input für den Entwurf von Handlungsprogrammen und Gesetzen.

Verfolgt man die letzten Entwicklungen, so kristallisieren sich Technologien heraus, die gröbere Recherchen und themenbezogene Zusammenfassungen erlauben, sowie Technologien, die tiefere Analysen, Prognosen und Simulationen ermöglichen. Was erstere anbelangt, so stehen die Akteure in Parlamenten und Ministerien oft vor der Herausforderung, große Mengen an Material wie Literatur, Parlamentsdokumente und Debattenvideos zu durchforsten. Angespornt vom durchschlagenden Erfolg von ChatGPT ist derzeit weltweit die Entwicklung von KI-Technologien wie Sprachmodellen und KI-Chatbots im vollen Gange, die bei der Bewältigung dieser Aufgabe helfen.

So können Mitglieder des Berliner Abgeordnetenhauses zur Beantwortung von themenbezogenen Fragen bereits auf *Parla* zurückgreifen, ein LLM, also ein großes Sprachmodell, das mit Parlamentsdokumenten aus der Vergangenheit trainiert wurde. In Brasília nutzen Parlamentarier *Ulysses*, welches unter anderem KI-Module zur Analyse und Zusammenstellung relevanter Gesetzesentwürfe, Reden und Forschungsstudien umfasst. In Großbritannien steht den Akteuren in Kürze der KI-Chatbot *Redbox* zur Seite, der ähnlich wie ChatGPT bedient und zur Analyse und Zusammenfassung von Regierungsdokumenten genutzt werden kann.

Die Planung von Gesetzen erfordert jedoch mehr als nur generische Informationen und die Zusammenstellung von Literatur und Dokumenten historischer Gesetzgebungsverfahren. Die zu lösenden Probleme, die jeweiligen gesellschaftlichen Segmente, in die eingegriffen werden soll, und die regulatorischen Effekte sind oftmals hochkomplex und neuartig. Daher sind tiefgehende Untersuchungen erforderlich. Angesichts der enormen Fortschritte im IT-Bereich und der stetig wachsenden Datenressourcen können wir damit rechnen, dass für diese tieferen Untersuchungen immer leistungsstärkere Technologien zur Verfügung stehen werden, und zwar in Form von Analyse-, Vorhersage- und Simulationstools.

Digitale Analysetools werden dabei zu einem wesentlich besseren Verständnis von Sachverhalten führen, die es gesetzlich zu regulieren gilt beziehungsweise die für die Regulierung relevant sind. Denken wir etwa an die gesundheitsökonomischen Ausgangsbedingungen, wenn es um die Planung von Gesundheitsreformen oder Gesetzen zu Krankenversicherungen und Gesundheitsinfrastrukturen geht. Denken wir an die aktuelle Lage auf den Arbeitsmärkten und demografische Entwicklungen, wenn die Revision von Arbeitsmarktgesetzen ansteht.

Vorhersagetools werden daneben einen Blick in die mehr oder weniger wahrscheinliche Zukunft von Sachverhalten erlauben, die es zu regulieren oder bei der Regulierung zu berücksichtigen gilt. Die von etwaigen Analysetechnologien identifizierten Sachverhaltsdetails werden durch sie in Richtung Zukunft erweitert, wodurch der Gesetzgeber und die jeweiligen Planungsstäbe Entwicklungen besser antizipieren und bei der Planung berücksichtigen können.

Einer der üblichen Vorwürfe gegenüber Politik und Recht ist, dass sie der Realität hinterherhinken. Die Polkappen schmelzen, die Erde droht sich in ein Treibhaus zu verwandeln, eine gigantische Immobilienblase platzt und reißt die Weltwirtschaft in den Abgrund oder ein neuartiger Virus zirkuliert um den Globus und wühlt unser Leben auf, wie wir es bisher nicht kannten. Regierungen und Parlamente erscheinen oftmals als rüstige Feuerwehrleute, die versuchen zu retten, was noch zu retten ist, wenn uns die Krisen und Probleme zu überwältigen drohen. Die Gründe sind verschieden: langwierige Gesetzgebungsverfahren, vielleicht auch Lethargie und fehlende Lust am Lernen oder der mangelnde Wille, sich am Horizont abzuarbeiten, wenn es nur die nächste Wahl zu gewinnen gilt.[57] Ein häufiger Grund ist aber auch die begrenzte Sicht auf das, was auf uns zukommt. Ohne Klarheit darüber, ob eine Krise uns tatsächlich erfasst, droht Weltenrettern, die vorschnell in die Ruder greifen, Vertrauensverlust oder Schmähung statt Ruhm. In Zukunft werden Technologien ihnen helfen, Entwicklungen besser zu antizipieren und dafür zu sorgen, dass der Staat wirksam, effizient und schnell die Bedürfnisse seiner Bürger befriedigt.

Big Data, maschinelles Lernen und die enormen Kapazitäten zukünftiger Hochleistungsrechner erlauben es, über einen weiteren technologiebasierten Ansatz der Gesetzesplanung nachzudenken: die Computersimulation. Aus Big Data, aber auch aus anderen Quellen gewonnene Erkenntnisse können zur Entwicklung von Algorithmen genutzt werden, die soziale, ökonomische, ökologische und normative Sphären beschreiben und staatliche Eingriffe in diese simulieren.[58] Virtuelle Welten können so entstehen, in denen Gesetzesplaner und die sie unterstützenden Experten verschiedene Entwicklungs- und Eingriffsszenarien durchspielen. Konsequenzen verschiedener staatlicher Steuerungsinstrumente ließen sich simulieren und ihre Wirkungen und Nebenwirkungen genauer erfassen, und zwar bevor der Gesetzgeber ihren Einsatz beschließt. Dies gilt für die Wirkungen einer Rentenreform auf die langfristige Stabilität des Rentensystems genauso wie für die Wirkungen einer Finanzmarktreform auf die Krisenfestigkeit der Finanzwirtschaft oder für die Effekte der Legalisierung von Cannabis auf die öffentliche Gesundheit und den illegalen Drogenmarkt.

Die Idee, Analyse-, Vorhersage- und Simulationstechnologien in der Gesetzesplanung einzusetzen, ist aber keineswegs neu. Bereits in den 1980er-Jahren wurde den Mitgliedern des US-Kongresses die Entwicklung von Computermodellen angeboten, obwohl diese Möglichkeit damals nur begrenzt genutzt wurde.[59] Heutzutage spielen zahlreiche Computermodelle eine Rolle bei der Entwicklung von Instrumenten der Finanz-, Wirtschafts-, Energie- und Umweltpolitik. Denken wir an Modelle zur Simulation von Eingriffen in die nationale Wirtschaft oder zur Vorhersage von Entwicklungen des Energiemarktes. Diese Praxis ist sowohl in den USA als auch in der Europäischen Union zu beobachten.[60]

Mit Blick auf die nähere Zukunft können wir jedoch mit einem erheblichen Bedeutungszuwachs von Computermodellen und anderen Technologien im legislativen Bereich und unter unterstützenden Wissenschaftlern rechnen. Mit dem sich derzeit rasant entwickelnden neuen Fachgebiet der Computational Social Science werden weitere Grundlagen gelegt. Auch die Zunahme an smarten Datenverarbeitungsmethoden und Datenquellen sowie in Deutschland die Einrichtung von Datenlaboren an Ministerien lassen kaum einen anderen Schluss zu.

Besonders vielversprechend sind Werkzeuge, die auf Künstlicher Intelligenz basieren. Der zeitliche Horizont ihrer Entwicklung im Bereich der Gesetzesplanung ist jedoch noch schwer abzuschätzen, da viele Ministerien und Wissenschaftler erst kürzlich das Potenzial von KI erkannt haben. Dennoch dürfte ihr Einsatz nicht allzu lange auf sich warten lassen. Sowohl in den USA als auch in Großbritannien wurden schließlich Ministerien ausdrücklich dazu ermutigt, KI für ihre Zwecke zu entwickeln und zu nutzen, wenn auch unter bestimmten Auflagen.[61] Die Nutzung kommerzieller KI-Plattformen wie ChatGPT sollte hingegen restriktiver gehandhabt werden. Diese Plattformen sind nicht nur wegen des Risikos von Halluzinationen ungeeignet für tiefgehende Untersuchungen von Eingriffen in komplexe soziale Systeme, sondern eventuell auch aus Gründen der Geheimhaltung sensibler staatlicher Informationen.

Digitale Zwillinge

Während die Entwicklung und Nutzung von Vorhersage- und Simulationsmodellen auch im legislativen Kontext keine Neuheit darstellt, zeichnet sich am Horizont das Aufkommen eines völlig neuartigen, visionäreren Planungsinstruments ab – „Digitale Zwillinge", englisch: „Digital Twins". Digitale Zwillinge sind virtuelle Repliken realer Systeme. Sie können Nachbildungen von Düsentriebwerken, Gebäuden und dem menschlichen Herz-Kreislauf-System sein oder auch von Städten, Arbeitsmärkten oder theoretisch ganzen gesellschaftlichen Subsystemen. Ähnlich wie die bereits genannten Technologien könnten auch Digitale Zwillinge zur Analyse, Vorhersage und Simulation eingesetzt werden, um Gesetzgebern informiertere Entscheidungen zu ermöglichen. Ein wesentlicher Unterschied besteht jedoch darin, dass Digitale Zwillinge in einem ständigen Austausch mit dem durch sie gespiegelten realen System stehen. Der Digitale Zwilling erhält permanent aktuelle Daten-Updates aus der realen Welt und kann seine Modelle anpassen, während das reale System fortlaufend hochaktuellen Wissensinput in Form von Analysen, Prognosen oder Simulationen als Entscheidungsimpulse erhält.

Die wissenschaftliche Begeisterung für Digitale Zwillinge und deren Möglichkeiten, die kürzlich auch in einem ausführlichen Porträt des Wissenschaftsmagazins *Nature* dargestellt wurden,[62] kann nicht über die erheblichen Herausforderungen hinwegtäuschen, die speziell für deren Entwicklung im sozialen und damit auch im gesetzgeberischen Kontext bestehen. Die von Digitalen Zwillingen zu replizierenden Komplexitäten und Interdependenzen sozialer Realitäten sind im Vergleich zu den Bedingungen, die im Inneren eines nachzubildenden Düsentriebwerks herrschen, enorm. Dies gilt auch für den entsprechenden Datenbedarf, die Fehlerrisiken und die Sicherheitsbedenken. Gleichwohl zeugt eine konzertierte Initiative mehrerer US-amerikanischer Bundesbehörden zur Aufdeckung von Forschungslücken und zur Identifizierung von Fördermöglichkeiten davon, welche potenziell revolutionäre Kraft hinter Digitalen Zwillingen vermutet wird.[63] Mit weiteren Investitionen und dem Verschieben von Grenzen des technisch Möglichen ist daher zu rechnen.

Normierungstechnologien

Sind die zu regulierenden Sachverhalte eingehend analysiert und die regulatorischen Eingriffe in diese durchgespielt, bewertet und ausgewählt, geht es darum, die Eingriffsinstrumente in Form von Gesetzen oder Verordnungen niederzuschreiben. Dabei müssen sich die neuen Vorschriften widerspruchslos in die restliche Rechtslandschaft einfügen, was angesichts ihrer Vielfältigkeit auch die Planungsstäbe vor erhebliche Herausforderungen stellt. Aber dessen nicht genug. Während es in der Vergangenheit darum ging, Gesetzesfassungen zu schaffen, die von Menschen verstanden und umgesetzt werden können, geht es in der Zukunft immer mehr auch darum, Versionen zu generieren, die dasselbe Maschinen erlauben. Das auf uns wartende Zeitalter der Cyberadministration, in dem uns vermehrt Maschinen kontrollieren, verwalten und mit Sanktionen belegen, wird seinen Ursprung wesentlich in diesen Fassungen haben.

Dabei sollten keine Zweifel daran bestehen, dass auch die im formalen Entwurfsstadium involvierten Ministerien und Gremien vermehrt auf Technologien zurückgreifen werden. Mittelfristig wird neben den derzeit verwendeten PDF-Dokumentationen (etwa die des deutschen Digitalchecks, mit dem die Digitaltauglichkeit neuer Gesetze sichergestellt werden soll) und Textschablonen (wie die Software eNorm in Deutschland) generative Künstliche Intelligenz zum Einsatz kommen. Angesichts der erwähnten aus dem Weißen Haus stammenden, an US-Bundesministerien gerichteten Ermutigung, KI dort zu entwickeln und zu nutzen, wo dies angemessen erscheint, könnten US-Bundesministerien auch hier eine Vorreiterrolle spielen.[64] Die zu entwickelnden KI-Systeme könnten dann durch erlernte Regelungsmuster und den Zugriff auf den gesamten Rechtskorpus einer Rechtsordnung bei der Abfassung der menschenlesbaren Fassungen helfen, einschließlich deren Optimierung für die spätere maschinelle Umsetzung, oder diese sogar komplett auf der Basis eines detaillierten politischen Programms entwerfen. Letzteres klingt zunächst nach ferner Zukunft, sollte jedoch vor dem Hintergrund dessen, was große Sprachmodelle bereits heute leisten können, nicht allzu lange auf sich warten lassen.

Auch Abgeordnete und ihre Mitarbeiter werden Schritt für Schritt von neuen künstlich-intelligenten Anwendungen bei ihrer Arbeit an Gesetzesentwürfen profitieren. Ob in Washington oder Rom, Brasilia oder Kapstadt, Parlamentarier schwören dort bereits auf eine neue Garde Künstlicher Intelligenz.[65] Sie hilft ihnen, Entwurfsfassungen zu erstellen und zu vergleichen, Änderungen ihrer Kollegen nachzuverfolgen und zu verstehen, was hinter den oftmals schwer nachvollziehbaren Verweisen auf andere Gesetze steckt. Das KI-Zeitalter hat begonnen, die Plenarsäle und Hinterzimmer zu durchdringen – wenngleich noch nicht in allen Staaten.

Wie können wir als Gesetzesadressaten aber von diesen Fortschritten profitieren? Die große Hoffnung ist, dass Normierungstechnologien nicht nur für Effizienzen in den Planungsprozessen sorgen, sondern in unserem Sinne zum einen auch für qualitativ bessere Gesetze und zum anderen, was noch wichtiger ist, für mehr Verständlichkeit von Recht und Ordnung. Gesetze und auf die auf ihnen beruhenden behördlichen Bescheide und Urteile benutzen oft eine sehr formale, archaische Sprache. Sie verwenden lange verschachtelte Sätze und verweisen in Ketten auf verschiedenste Normen. Nicht nur Rechtslaien haben große Probleme, sie zu verstehen, sondern auch wir Juristen in uns fremden und manchmal sogar in unseren eigenen Spezialbereichen. Nicht nur das Steuerrecht, sondern auch das Recht der Europäischen Union und insbesondere die dazu ergangenen Urteile hinterlassen selbst bei mir als Lehrendem auf diesem Gebiet so manches Mal Fragezeichen.

Im Grunde ein schwer erträglicher, bislang aber zu akzeptierender Zustand. Normierungstechnologien können nun der Schlüssel für eine Veränderung sein. Die mit ihnen optimierten oder erstellten maschinenlesbaren und maschinenvollziehbaren Gesetzesfassungen erleichtern nicht nur die Entwicklung von Entscheidungsautomaten und Empfehlungssystemen für behördliche Bescheide, sondern auch das Designen von neuartigen KI-basierten Legal-Tech-Anwendungen, die uns über die Bedeutung von Gesetzen und die von Dokumenten der Verwaltung und Justiz aufklären. Für einen wahren Rechtsstaat sollte der Anspruch dabei nicht sein, die Aufgabe von Rechtsanwälten und Legal-Tech-Unternehmen zu übernehmen, die für unsere Interessen streiten. Zu erwarten ist von einem solchen aber, dass er Laien mit eigenen Technologien – und das kostenfrei – in die Lage versetzt, zu verstehen, was Gesetze im Grundsatz und was Bescheide, Urteile sowie abzugebende Erklärungen wie Steuererklärungen im Detail bedeuten.

3.5

Die Steuerungsentscheidung

All die Vorbereitungen in der Planungsphase münden in eine Entscheidung über ein ausgearbeitetes Handlungs- und Steuerungsprogramm. Das dafür zuständige, mit Entscheidungskompetenz ausgestattete Organ – ein Präsident, ein Parlament oder ein Ministerium – erlässt dieses in Form eines hoheitlichen Aktes, eines Gesetzes, einer Verordnung oder einer Verwaltungsvorschrift. Diese Steuerungsphase ist nicht nur dadurch gekennzeichnet, dass das Organ verbindlich vorgibt, wie ein Problem zu beheben und damit in welche Richtung zu steuern ist. Sie ist auch dadurch charakterisiert, dass die die Entscheidung treffende Instanz Verantwortung dafür übernimmt. In Zukunft könnten auch in diesem zentralen Steuerungsabschnitt Maschinen zum Einsatz kommen.

Geben wir jedoch der Angst keinen Raum, dass Gesetzgeber zukünftig Letztentscheidungen bewusst und willentlich an Künstliche Intelligenz delegieren. Sicherlich erobern Entscheidungsautomaten mehr und mehr Terrain, und das nicht nur in der Banken- und Versicherungsbranche. Das Resümee aus Teil 1 ist jedoch eindeutig: Auch sie werden nie mit absoluter Sicherheit über gesellschaftssteuernde Programme entscheiden können. Zudem kann der Gesetzgeber die Verantwortung über Gesetzgebungsakte nicht einfach an Maschinen abgeben. Das Entscheidungsmonopol über diese sollte und wird mit hoher Sicherheit daher bei unseren gewählten Vertretern verbleiben. Abgeordnete werden nicht überflüssig werden, wenngleich ihre Bedeutung durch eine stärkere digitale Einbindung des Volkes in einigen Ländern abnehmen könnte. Das ist aber ein anderes Thema – dazu später mehr. Aber was meinen Sie? Angenommen, Künstliche Intelligenz erweist sich über die Zeit als gescheiter als alle Mitglieder eines Parlaments und der diesen zuarbeitenden Ministerien und Experten zusammen, könnte eine solche smarte Maschine uns als Volk besser vertreten?

Für wahrscheinlicher und daher auch kritischer halte ich das Szenario, in dem die von intelligenten Planungstechnologien datenmäßig fundierten oder gar ausgearbeiteten Gesetzgebungsentwürfe so überzeugend wirken, dass selbst die zuständigen parlamentarischen Fachausschüsse unter Rechtfertigungsdruck kommen, wenn sie von diesen abweichen wollen. Ich beziehe mich damit nicht auf den Vorfall im brasilianischen Porto Alegre, bei dem einem Stadtrat eine komplett von ChatGPT entworfene Verordnung untergeschoben wurde,[66] sondern auf die bewusste Verwendung einer mit KI erstellten Gesetzesvorlage durch ein Parlament. Abgeordnete werden in Zukunft zwangsläufig noch stärker in ein Spannungsverhältnis geraten zwischen der Forderung nach einer datenbasierten, fundierteren Gesetzgebung und ihrem freien Mandat. Die Entscheidungshoheit über einen Gesetzgebungsakt könnte an dieser Stelle faktisch ein bedenkliches Stück weit an KI und deren Erschaffer übergehen. Da die von uns gewählten Volksvertreter aber politisch verantwortlich bleiben, sollten sie ihre Deutungs- und letztlich auch Entscheidungshoheit über diesen Akt verteidigen, indem sie insbesondere maschinell generierte und durch KI fundierte Ausarbeitungen genauso hinterfragen, wie sie dies mit dem Input von Regierungen, Experten und ministerialen Referenten tun.

Es sind jedoch nicht nur Entscheidungsautomaten und suggestiv wirkende Planungstechnologien, die im Kontext zukünftiger Steuerungsentscheidungen ins Blickfeld geraten. Dies gilt auch für spezifische Vorhersagetechnologien, die auf den parlamentarischen Prozess ausgerichtet und dem Feld der politischen Strategie zuzuordnen sind. Erlangt ein Gesetzesvorschlag Parlamentsreife, könnten Maschinen sowohl diesen Vorschlag als auch die Umstände seiner Einbringung ins Parlament analysieren. Sie würden versuchen, Muster wiederzuerkennen, die in der Vergangenheit erfolgreiche und weniger erfolgreiche Vorlagen ausgemacht haben, um sodann die Erfolgswahrscheinlichkeit einer Initiative zu kalkulieren. An den ermittelten Ergebnissen könnten Strategien der Mehrheitsbildung oder auch -verhinderung ansetzen. Potenzielle Widerstände in Form von Formalien, Inhalten oder denkbaren gegnerischen Gruppen und Einzelabgeordneten könnten aufgedeckt, untermauert und strategisch angegangen werden, bevor es in etwaige Probeabstimmungen geht, deren Ergebnisse an die Öffentlichkeit dringen können.

Erste Versuche mit Vorlagen, die den US-Kongress durchliefen, fielen unterschiedlich aus.[67] Die Verlässlichkeit derartiger Vorhersagemaschinen hängt sicherlich davon ab, welche Ansprüche an sie gestellt werden. Ist die Erwartung, dass sie über mehrere Legislaturperioden hinweg gut funktionieren, werden sie es schwer haben.

Problematisch ist, dass diese Technologien es erleichtern werden, den parlamentarischen Fokus vom materiellen Inhalt einer Initiative auf politstrategische Überlegungen zu verschieben. Sie helfen Regierungen, glatte Durchmärsche, und der Opposition, parteitaktische Blockaden im Verborgenen vorzubereiten. Demokratietheoretisch unschön, gerade in Staaten, in denen die politischen Kräfte ohnehin stark polarisiert und fest in Fraktionen eingebunden sind. Ich denke dabei in erster Linie an die USA, aber auch an Großbritannien und Deutschland. Verhindern ließe sich der Einsatz solcher Technologien aber dennoch nicht. Erlauben doch unsere Verfassungen parteipolitische und damit einhergehende themenbezogene Lagerbildungen und damit auch Instrumente, die eine solche fördern.

3.6

Digitale Wächter und Vollzieher des Rechts: Die neue Ära der Rechtsumsetzung

Hat ein Steuerungsprogramm, etwa in Form eines Gesetzes, die Phase der Entscheidungsfindung erfolgreich passiert, so ist es erst einmal nichts mehr als eine Kolonne von Schriftzeichen oder eine digitalisierte Reihe von Einsen und Nullen, die auf ihren Versand in die Welt wartet. Die kritische Phase steht an diesem Punkt noch bevor. Das Programm, das Gesetz harrt seiner Umsetzung. Es muss die in den Fokus genommenen Menschen, Unternehmen oder Institutionen erst noch zu dem begehrten Handeln, Unterlassen oder Denken bewegen. An dieser Stelle kommen Kommunikationsmedien und Umsetzungsapparate zum Zuge. Schon im Fall des 45. US-Präsidenten waren diese Einheiten so manches Mal auf die Platine und den Kurznachrichtendienst eines Smartphones zusammengeschrumpft.

Kommunikationsmedien sorgen dafür, dass die Botschaften, die das Steuerungsinstrument vermitteln möchte, zu uns vordringen. Auf diese Weise können das Instrument und die in ihm angelegten Stimuli, das heißt die in Aussicht gestellten Vor- oder Nachteile, Belohnungen oder Sanktionen, ihre Wirkung entfalten und ihre Adressaten in die Richtung des Horizonts bewegen, den der Steuerungsakteur anpeilt. Dringen die

Botschaften nicht vor, sind sie unverständlich, wenig überzeugend oder bedürfen der Konkretisierung, springen Umsetzungsapparate ein, vor allem Verwaltungen, Polizei, Staatsanwaltschaften und Gerichte. Spätestens wenn der Strafzettel für zu schnelles Fahren im Briefkasten liegt, sollte die Botschaft klar sein, dass der Gesetzgeber nicht möchte, dass wir das Gaspedal allzu tief durchdrücken.

Geht es um die Umsetzung von Gesetzen, sind es aber nicht nur die klassischen staatlichen Organe, auf die der Gesetzgeber zählt. Es gibt noch eine andere kritische Institution, die den Steuerungserfolg von Gesetzen determiniert. Diese Institution sind wir. Wir sind es, die tagtäglich für die Umsetzung von Recht und Ordnung sorgen. Greifen wir nicht eigenmächtig in Nachbars Baum voller saftiger Kirschen oder entsorgen Sondermüll nicht illegal, so sorgen wir dafür, dass aufgestellte Regeln zur Anwendung gelangen und Bestand haben. Wir und letztlich auch die uns beratenden Anwälte sind es maßgeblich, die ihnen Wirksamkeit verleihen. Die Geltungskraft von Normen schwindet, je mehr sich die Bürgerschaft ihnen trotz staatlicher Drohungen entzieht.

Der damit umschriebene Bereich der Gesetzesumsetzung wird in Zukunft zu einem der großen Domänen von Maschinen, von digitalen Technologien und Künstlicher Intelligenz heranwachsen. Wie wir in diesem und den beiden folgenden Kapiteln sehen werden, werden die damit verbundenen Umwälzungen weltweit Millionen von Jobs in der behördlichen, richterlichen und anwaltlichen Landschaft betreffen und auch zahllose kosten. Dabei ist jedoch keine Panik angezeigt, sondern ein genauer Blick auf Rollen und zeitliche Horizonte. Der Faktor Mensch wird bedeutend bleiben und selbst auf Dauer nicht komplett verschwinden. Daneben werden sich die Entwicklungen ebenso auf den Rest der Bevölkerung auswirken. Wir werden alle von ihnen betroffen sein, insbesondere in Form neuer Methoden, wie der Staat mit uns kommuniziert, wie er uns schützt, unterstützt, kontrolliert und maßregelt. Schauen wir genauer hin.

Technologischer Aufbruch

Bereits jetzt befinden wir uns mitten in einem Transformationsprozess, der die Art, wie wir die Umsetzung von Recht und Ordnung organisieren, tiefgreifend umformt. Verschiedenste Technologien haben längst die Entwicklungs- und Pilotphase passiert. Einige sind in das Innerste der Staatsapparate vorgedrungen,[68] andere überformen den Rechtsberatungssektor, und zwar nicht nur in Industrieländern, sondern auch in weniger ökonomisch entwickelten Ländern. Seit Jahren dokumentieren der UN E-Government Survey und der Government-Trend-Report von Deloitte, wie sich der Fortschritt seine Bahn bricht – in Indonesien und den USA genauso wie in Brasilien, China und Uganda.[69] Sicherlich mit unterschiedlichem Tempo.

Es gibt kaum noch weiße Flecken auf dem Globus, kaum ein Land, das nicht begonnen hat, administrative Schlüsselaufgaben zu automatisieren.[70] Nahezu 90 Prozent der Staaten wickeln bereits seit Jahren Verwaltungsservices unter dem Schlagwort E-Government online ab.[71] Schon im Jahr 2020 konnten Einwohner in 143 Staaten ihre Einkommensteuererklärung elektronisch übermitteln.[72] Sie konnten online Unternehmen registrieren, genauso wie Baugenehmigungen, Führerscheine und Geburtsurkunden beantragen oder Zahlungen an den Fiskus leisten.[73] Der Fortschritt ist längst zum Alltag geworden, auch in Deutschland. Mittlerweile soll ein eigens eingerichteter Marktplatz dafür sorgen, dass sich digitale Innovationen – wie Smart Village Apps – als neuartige Kommunikationsplattformen selbst in ländlichen Räumen etablieren.[74] Und auch der globale Süden wird in der Digitalisierungsstrategie der Bundesrepublik nicht vergessen. Mit GovStack unterstützt sie die Lancierung eines Marktplatzes, der dafür sorgen soll, dass sich die neuen technischen Errungenschaften weit außerhalb der eigenen Grenzen durchsetzen.

Die Zukunft wird jedoch nicht nur durch eine Digitalisierung der Kommunikation zwischen Bürger und Staat, etwa bei der Beantragung von Baugenehmigungen und Ausweisdokumenten, geprägt sein. In ihrem Zentrum stehen ebenso Technologien, die Abläufe automatisieren, die sich im Innenraum der zuständigen und beratenden Organe, vornehmlich Vollzugsorgane, Verwaltungen, Gerichte und Anwaltskanzleien, vollziehen. Neben Instrumenten der Ressourcenplanung (zum Beispiel die Verknüpfung von bisherigen Enterprise-Resource-Planning-Systemen)[75] und Datensicherung (zum Beispiel Cloud- und Blockchain-Lösungen)[76] wird es sich insbesondere um ausgefeiltere Überwachungstechnologien, Computermodelle, Algorithmen und Künstliche Intelligenz handeln, die neue Dimensionen der Gesetzesumsetzung eröffnen, etwa bei der Ermittlung und Analyse von Rechtsverstößen und der Prognose von Entwicklungsverläufen. Es wird sich um Technologien handeln, die versuchen, uns auf immer intelligentere Weise im Rahmen von Gesetz und Recht zu halten, egal ob Verkehrs-, Wettbewerbs-, Steuer- oder Zollrecht. Damit verzahnt werden Technologien weiterentwickelt werden, die Teile oder den Gesamtprozess von staatlichen Entscheidungen, der Leistungsverwaltung sowie der Rechtsberatung automatisieren. Die Steuerung von Gesellschaften, urbanen Zentren, sozialen Segmenten und Individuen wird sich dabei grundlegend ändern.

Schneisen in die Zukunft

Die in diese Richtung weisenden Zeichen sind unübersehbar. Breite und schmale Breschen wurden geschlagen, die uns in den Bereichen der Überwachungs-, Kontroll-, Analyse- und Prognosetechnologien gen Zukunft führen.[77] Nachrichtendienste und Militär, aber mancherorts auch andere Ressorts wie die Steuerfahndung scheuten im letzten Jahrzehnt kaum Kosten, um die neuen Möglichkeiten der Digitalisierung für ihre Zwecke zu nutzen und weiterzuentwickeln. Das Großrechenzentrum der NSA, das vor einigen Jahren in Utah errichtet wurde, läuft wie andere Megadatensiebe auf Hochtouren und durchsucht weite Teile der globalen Internetkommunikation – private E-Mails, Suchmaschinenanfragen sowie Bestellungen auf Onlineplattformen.[78] Netze von Kameras überziehen mittlerweile die urbanen Zentren, vor allem in China, aber auch in Großbritannien, Indien, Mexiko und Deutschland.[79] Ihre Objektive blicken unseren Gesichtern und unseren Schritten hinterher. Sie sollen uns vor Verbrechen und Unflätigkeit schützen, Datenmaterial für Fahndung und Verkehrsüberwachung liefern und im Reich der Mitte ein System der sozialen Kontrolle komplettieren.

Zahlreiche Analysetools wurden entwickelt, um aus den sich häufenden Datenbeständen Umrisse und Details von Vergangenheit und Gegenwart abzuleiten. Darunter ist bewährte Software und Künstliche Intelligenz wie die eDiscovery-Software von ZyLAB, die bei der Fahndung in den Bereichen Kriminalität, Terror und Zoll zur Anwendung kommt. Aber auch umstrittene Technologie wie Amazons Recognition-Software, die zum Schnäppchenpreis die Echtzeitverfolgung von Personen zu verschiedensten Anlässen erlaubt,[80] oder chinesische Software, die versucht, aus DNA-Proben Gesichtszüge abzuleiten.[81]

Richtungsweisend sind ebenfalls die Entwicklungen auf dem Gebiet der Vorhersagetechnologien. Sie lassen sich kaum überblicken. Zu den bekannteren Entwicklungs- und Einsatzgebieten von Prognosemaschinen zählen die Gebiete der Verteidigung und Sicherheit, der Kriminalitätsbekämpfung, der Strafverfolgung und der Steuerfahndung. So werden Vorhersagetechnologien entwickelt oder bereits verbreitet eingesetzt zur Vorhersage von Krisen und Cyberbedrohungen, zur Identifizierung von Kriminalitäts-Hotspots, zur Vorhersage zukünftiger Straffälligkeit und zur Identifizierung potenzieller Steuersünder. Aber auch auf anderen Feldern wurden weltweit Projekte begonnen oder umgesetzt, beispielsweise auf dem der Lebensmittelsicherheit (Identifizierung von Hygiene-Delinquenten unter Restaurantbetreibern in Chicago), der Arbeitsmarktpolitik (Identifizierung von Personen im portugiesischen Cascais, die von Langzeitarbeitslosigkeit bedroht sind) und des Katastrophenschutzes (Vorhersage von Fluten in Jakarta).[82] All diese auf die

Zukunft gerichteten Technologien und Projekte verwundern nicht, ist der vorausschauende Blick doch integrativer Bestandteil vieler administrativer und teils auch judikativer Gebiete und versprechen neue Technologien doch eine deutlich klarere Sicht. Insofern schreitet die Entwicklung zügig voran.

Vor Auswüchsen des Einsatzes von Vorhersagetechnologien, die die Grenzen von Verfassungsnormen und Gesetzen in bedenklicher Weise austesten, sind dabei selbst Mutterstaaten der Freiheitsrechte nicht gefeit. So verstummen in den USA die äußerst kritischen Stimmen zum Einsatz von Vorhersagetechnologien in Gerichtsverfahren nicht.[83] Entrüstung entlud sich auch über das Sheriff-Department von Pasco/Florida, in welchem die Belegschaft offenkundig zu oft Steven Spielbergs „Minority Report" geschaut hatte. Schließlich wurden Personen verstärkt von der Polizei kontrolliert, deren eventuelle zukünftige Rechtschaffenheit von einem Vorhersagealgorithmus als kritisch markiert worden war.[84] An derartigen Algorithmen wird vereinzelt, aber gleichwohl weiterhin geforscht, ganz in der Hoffnung, mehr Abnehmer auch in der liberalen Welt zu gewinnen.[85]

Die Entwicklung und Planung von immer ausgereifteren Überwachungs-, Analyse- und Prognosetechnologien trug schließlich bereits in den Zehnerjahren zur Konzeption, Planung und teilweisen Umsetzung neuer visionärer urbaner Konzepte bei. Der mit ihnen verbundene Begriff der Smart City wurde zum Sehnsuchtstitel vieler Kommunen. Versprechen die damit umschriebenen Konzepte doch ein Mehr an Effizienz, Nachhaltigkeit und Wohlstand – und damit einen Vorsprung im Wettbewerb um Investitionen und gut situierte Bewohner.

Begriff der Stunde ist dabei der der „Digitalen Zwillinge" beziehungsweise „Digital Twins", der bereits im gesetzgeberischen Kontext erwähnte wurde. Hinter diesem stehen möglichst hochaktuelle, dynamische Modelle – virtuelle Repliken – von Einrichtungen (zum Beispiel Städten) und Systemen, die auf umfangreichen Datensätzen basieren.[86]

Von Auckland über Hongkong bis Singapur sollen sie nicht nur Unternehmen, sondern auch Kommunen ermöglichen, Entwicklungen vorherzusagen und Interventionen durchzuspielen, wenngleich sich ihr staatlicher Einsatz noch auf die Stadtplanung und das Management städtischer Infrastrukturen begrenzt.[87]

Komplexere Smart-City-Strategien vereinen eine Bandbreite technologischer Lösungen, die nach und nach das Leben ihrer Bewohner erfassen, ihnen neue Annehmlichkeiten bieten, sie aber auch versuchen zu steuern – etwa im Sinne von klima-, umwelt-, gesundheits- und sicherheitspolitischen Programmen und Gesetzen. Schon der morgendliche Weckruf mag den Bewohnern der neuen digitalen Welten nicht nur verraten, ob ein lauer Sommertag mit geringer Luftverschmutzung und wenig Verkehr auf der üblichen Route wartet, sondern auch, ob die Familie in Sachen Energieverbrauch auf Kurs ist oder ob laut elektronischer Gesundheitsakte ein medizinischer Check-up ansteht. Parkbänke sind mit Umweltsensoren, WLAN-Hotspots, Solarpaneelen und Ladestationen bestückt und laden zum Verweilen und klimaneutralen Arbeiten ein. Autonom fahrende Busse kurven fast lautlos um die Ecken und saugen ihre Energie aus zahllosen privaten regenerativen Quellen, die intelligent geschaltet sind und zusätzliches Geld in die Familienkassen spülen. Ein dichtes Netz von Kameras sorgt schließlich für ein stetes Gefühl der Sicherheit (und natürlich auch des Beobachtetseins). Schon zum Ende der Zehnerjahre waren so einige dieser Visionen umgesetzt. Wien und London eilten voran, verschiedene urbane Kerne Asiens, wie Singapur, Schanghai, Guangzhou und Seoul, hinterher.[88] Eine neue urbane und steuerungstechnische Kultur begann sich zu entwickeln.

Was da noch wartet

Wo uns diese Entwicklungen genau hinführen werden, liegt ein Stück weit im Bereich der Spekulation. Je weiter wir in Richtung Zukunft blicken, umso mehr verschwinden die Dinge im Dunst. Wahrscheinlich werden wir eine immer stärkere Verschmelzung unserer Spezies mit der Maschinenwelt erleben. Technologien werden uns immer näher auf die Haut rücken und vielleicht auch darunter verschwinden. Mit dem Beginn der Entwicklung von Brain-Computer-Interfaces wurde bereits die Grenze zu einer Sphäre überschritten, in deren Tiefen Maschinen unsere innersten Gedanken ausleuchten und uns beeinflussen könnten. In politischen Systemen ohne wirksamen Menschenrechts- und Datenschutz werden Machtapparate wohl keine Skrupel haben, diese Möglichkeiten zur Gesellschaftssteuerung auszunutzen oder zumindest zu testen.

Bevor wir dorthin gelangen, werden Maschinen sich mit einer Betrachtung unserer Oberflächen zufriedengeben. Von Calgary bis Christchurch werden staatliche Organe neue Generationen von Überwachungs-, Analyse- und Prognosetechnologien in Gebrauch nehmen, die mehr und mehr Schnipsel unserer Persönlichkeiten sammeln und zu Steuerungszwecken zusammensetzen, möglicherweise selbst in Form von „Data Doubles“[89], was rechtlich betrachtet nicht weniger invasiv ist. Bei Letzteren handelt es sich um digitale Nachbildungen unserer Persönlichkeiten, um diese unabhängig von unserem tatsächlichen Handeln analysieren und modellieren zu können.

In jedem Fall werden wir einen breiten Einsatz von Künstlicher Intelligenz im staatlichen Bereich erleben – zu Überwachungs-, Analyse- und Prognosezwecken, aber auch darüber hinaus, wenn es um die Erbringung öffentlicher Dienstleistungen geht. Eindrucksvoll schildert der AI Readiness Index von Oxford Insights, wie bereit Regierungen für den eigenen internen KI-Einsatz bereits sind: Rang 1 geht dabei derzeit an die USA, Rang 2 an Singapur, Rang 3 an das Vereinigte Königreich, Rang 8 an Deutschland und Rang 16 an China.[90] Kurz, Regierungen bereiten das Feld für den KI-Einsatz.

Es ist jedoch damit zu rechnen, dass viele Staaten die vor diesem Hintergrund zu erwartenden behördlichen Datenleidenschaften stärker zügeln. Was etwa die Europäische Union, Argentinien, Japan oder

Neuseeland anbelangt, hat sich bereits eine thematische Sensibilität und Politik hoher Schutzstandards manifestiert. Diese ist vor dem Hintergrund steigender Datenbedürfnisse von Unternehmen und Behörden sicherlich auch nicht unumstößlich und verbietet nicht kategorisch gesetzliche Ausnahmetatbestände. Gleichwohl macht sie deutlich, dass in vielen liberalen Demokratien zumindest von Schutzstandards auszugehen ist, die höher sind als diejenigen im Reich der Mitte.

Seit Jahren feilen chinesische Ingenieure an Social-Scoring-Systemen und testen digitale Pranger, um das Milliardenvolk in politischer, ökonomischer und sozialer Hinsicht zu erziehen. Die Sanktionierung von Fehlverhalten erfolgt in Form von tiefen Einschnitten in die persönliche und familiäre Lebensgestaltung sowie einer Bloßstellung auf öffentlichen Plätzen und Social-Media-Kanälen. Ein breit angelegtes System administrativer Vollautomatisierung ist so im Entstehen. Es umfasst die Überwachung und Analyse genauso wie die daraus folgenden Entscheidungen und deren Vollzug. Wie umfangreich die Steuerungsversuche in die Lebenssphären der Bürger hineinreichen werden, ist noch ungewiss und wird nicht nur von der großen Politik, sondern auch von lokalen Hoheitsträgern abhängen. Die digitale Verfolgung und öffentliche Bloßstellung von Pyjama tragenden Bürgern im Frühjahr 2020 im ostchinesischen Suzhou – auf die wenngleich prompte Entschuldigungen folgten[91] – scheinen diese These zu bestätigen.

Eine der aufregendsten und mit Kraft sich entfaltenden Entwicklungen habe ich bislang nur gestreift, obwohl sie ein erhebliches Potenzial in sich birgt, Prozesse der Steuerung von Gesellschaften zu überformen. Die Rede ist von der Automatisierung der Rechtsanwendung. Unsere Gesellschaften werden in erster Linie durch ein Medium regiert und integriert, das Recht. Dessen Anwendung bildet den Kernprozess gesellschaftlicher Steuerung. Automatisierung der Rechtsanwendung bedeutet damit die Automatisierung des zentralen Teils der Gesellschaftssteuerung und lässt eine grundsätzliche Änderung der

Art, wie wir unsere Gesellschaften lenken, erahnen. Es handelt sich um die Änderungen, die sich auf unser persönliches Leben mit am stärksten auswirken werden. Welche Entwicklungen zeichnen sich in diesem Schlüsselbereich ab, wie viel Luft nach oben, welches Innovationspotenzial gibt es da noch und was heißt das für uns Menschen genau?

3.7

Rechtsanwendungstechnologien

Rechtsanwendung bedeutet, dass eine allgemeine Rechtsnorm oder ein Präzedenzfall auf einen neuen zu beurteilenden Sachverhalt heruntergebrochen oder projiziert wird. Sie macht nicht nur das Gros verwaltender, richterlicher und anwaltlicher Tätigkeiten aus, sondern bestimmt auch unseren Alltag. Wie oft denken wir darüber nach, was Recht und Unrecht ist. Auch wenn wir uns darin irren, wir versuchen, eine allgemeine Regel oder einen Präzedenzfall auf das, was wir erleben, zu projizieren.

Sowohl die Rechtsanwendung als geistiger Prozess als auch die anzuwendenden Normen und Präzedenzfälle als deren normativer Gegenstand folgen einer Logik. Professionelle Rechtsanwendung folgt verschiedenen Methoden und Rechtsnormen häufig einem sich aus Tatbestandsvoraussetzungen und Rechtsfolge zusammensetzenden Grundmuster. Die Bestandteile einer Rechtsnorm sind dabei im Regelfall durch eine Wenn-dann-Relation miteinander verknüpft: Wenn bestimmte Tatbestandsvoraussetzungen, etwa die Überschreitung der zulässigen Höchstgeschwindigkeit innerorts, erfüllt sind, dann soll eine definierte Rechtsfolge, die Verhängung eines Bußgeldes, eintreten.

Diese einfache Relation gewährleistet eines der Grundprinzipien unserer Gesellschaft: die Gleichheit vor dem Gesetz.

Auf den ersten Blick scheinen Computer, Softwarealgorithmen und Künstliche Intelligenz prädestiniert dafür zu sein, diese logischen Schemen zu rekonstruieren.[92] Sie sind mittlerweile routiniert im Erkennen und Anwenden von Mustern. Ohne größere Probleme sollten sie typische Lebenssachverhalte erkennen und diese anhand von normativen Maßstäben bewerten können.

Um einfach gelagerte Rechtsfälle aufzulösen, bedarf es im Grunde nur einer Eingabemaske und eines Java-Skripts.[93] Dessen Algorithmen prüfen, ob die eingegebenen Informationen mit vorab programmierten Tatbestandsmerkmalen übereinstimmen, zum Beispiel eine Geschwindigkeitsüberschreitung innerorts um mehr als 20 km/h. Ist das der Fall, wird die dazugehörige, ebenso definierte Rechtsfolge ausgegeben – ein bestimmtes Bußgeld oder ein Fahrverbot. Der Dateninput lässt sich dabei in Zukunft teilweise automatisieren. Vorhandene Datenbanken können verknüpft und Informationen aus Überwachungssystemen eingespeist werden. Selbst der Einsatz intelligenter Chatbots ist in den Bereich des Möglichen gerückt, um Rechtsanwendungsmaschinen mit Daten zu versorgen. Erste virtuelle Kommissare verrichten schließlich ihren Dienst an griechischen und ungarischen Grenzen und interviewen automatisiert Einreisewillige. Dabei versuchen sie zum Beispiel durch eine Analyse von Gesten zu erkennen, ob diese eine falsche Identität vortäuschen.[94]

Der erste Automatisierungsschub

Angesichts der nicht allzu hohen Herausforderungen bei der Programmierung einfacher Fallkonstellationen haben Fachleute schon vor Jahrzehnten über eine Automatisierung der Rechtsanwendung nachgedacht. Zu den betagteren Projekten zählt etwa Don Watermans Legal Expert System, das schon in den frühen 1980er-Jahren versuchte, es mit der Anwaltschaft aufzunehmen.[95]

Mittlerweile hat sich viel getan und die Entwicklung von Rechtsanwendungstechnologien kann als Königsdisziplin des sogenannten Legal Tech angesehen werden. Die „Posterboys“[96] der Szene, Portale wie LexFox und Flightright, versetzen seit Jahren große Teile der Rechtsberatungsbranche in Aufregung. Ihre Algorithmen versuchen, vergrämten Mietern und verprellten Fluggästen zu ihrem Recht zu verhelfen. Weitere potenzielle Klientenkreise – Arbeitnehmer, Verkehrsrowdys, Verbraucher – werden derzeit und in Kürze erschlossen. Das, was in den Kanzleien die Angst vor dem großen personellen Aderlass umgehen lässt, kann dem Rest der Bevölkerung Hoffnung auf deutlich geringere Kosten bei der Durchsetzung ihrer Rechte machen. Mit Spannung kann die Welt zudem auf die Auswirkungen der zweiten Generation von Large Language Models à la ChatGPT, Google Gemini und Claude blicken, auf die ich gleich noch einmal zurückkomme. Diese haben sich schon im Jahr 2023 von reinen Chatrobotern zu Anwendungen gemausert, die ebenso mühelos Vertragsunterlagen, Mahnungen und behördliche Dokumente verarbeiten können. Sie stehen damit Nutzern nicht nur mit rechtlichen Einschätzungen zur Seite, sondern verfassen auch passende Antwortschreiben, was allerdings noch nichts über deren Qualität aussagt.

Aber auch in den Kanzleien sieht die Projektion der derzeitigen Legal-Tech-Welle nicht komplett düster aus. Schließlich sorgt sie auch für pfiffige, effiziente digitale Assistenten bei der Rechtsanwendung durch die Profis des Faches. Die smarten Tools unterstützen diese bei der Prüfung von Verträgen und Bescheiden, der Rechtsrecherche sowie der Klassifizierung, Analyse und Erstellung von Dokumenten und Rechtsargumenten.

Systeme der elektronischen Streitbeilegung, die den Vorgang der Rechtsanwendung einschließen, haben des Weiteren begonnen, der Rechtsprechung Fälle streitig zu machen.[97] Von den bis zu 60 Millionen Rechtsstreitigkeiten, die Ebay jährlich zu bewältigen hat, wurden schon vor Jahren gut 90 Prozent ohne menschlichen Input befriedet.[98] Derartige automatisierte oder teilautomatisierte Systeme der Entscheidung eröffnen im Grunde ganz neue Möglichkeiten der außergerichtlichen Streitbeilegung. Es bleibt mit Spannung abzuwarten, wie sich diese neben menschlich geführten Gerichts-, Schieds- und Schlichtungsverfahren in Zukunft etablieren. Die Inanspruchnahme eines automatisierten Entscheidungssystems könnte etwa für Geschäftspartner, die in eine Auseinandersetzung geraten, vorzugswürdig erscheinen im Vergleich zu dem beziehungsbelastenden Weg vor Gericht, der zudem mit erheblichem Kosten- und Zeitaufwand verbunden ist.

Parallel läuft derzeit aber auch die Entwicklung von Künstlicher Intelligenz zur Unterstützung von Gerichten an.[99] Selbst in Deutschland, welches in Sachen Künstlicher Intelligenz sicherlich nicht weltweiter Vorreiter ist, wurden Tests mit einer KI begonnen, die Vorschläge für Urteile in Standardfällen generiert.[100]

Weiter vorangeschritten ist die Entwicklung Künstlicher Intelligenz bereits für die Verteidigungsseite. Im Januar 2023 verhinderte eine US-amerikanische Anwaltskammer noch den Auftritt des ersten digitalen Anwalts vor Gericht. Die Künstliche Intelligenz sollte einem Verkehrsdelinquenten über Ohrstöpsel schlaue Argumente und Anweisungen zur Verteidigung in den Gehörgang flüstern.[101] Das Gericht hatte damit weniger Probleme.

Im Fokus der Digitalisierung steht derzeit schließlich ebenso die Rechtsanwendung im Verwaltungsbereich.[102] Maschinen und vor allem Automatisierte Entscheidungssysteme (englisch kurz: ADM) versprechen hier deutlich mehr Effizienz und weniger Fehler.[103] Um nicht von den Entwicklungen übermannt zu werden, haben erste Regierungen und Parlamente Rechtsrahmen und Leitlinien für einen initialen Automatisierungsschub erlassen.[104] In der Tat ist die Liste erster potenzieller Automatisierungskandidaten lang: Steuerbescheide, Rentenbescheide, Kindergeldbescheide, die Erteilung von Anwohnerparkausweisen. Mittelfristig wird sich die Automatisierung auf sämtliche standardisierbare Verfügungen, die keiner Bewertung im Einzelfall bedürfen, beziehen.[105] Und die Rufe nach Gesetzen, die ein Mehr an Standardisierungen ermöglichen[106] oder die für ein Mehr an Standardisierungen aufbereitet werden und damit digital vollzugstauglich werden sollen,[107] sind unüberhörbar. Das Zeitalter der Cyber-Administration hat längst begonnen.

Auswirkungen auf uns Bürger

Aber mit welchen Auswirkungen können nun Bedienstete des Staates und der Rechtsbranche sowie wir als Verbraucher und Unternehmer durch diesen ersten Automatisierungsschub, der zunächst nur einfach gelagerte Fälle, Standardkonstellationen und Assistenztätigkeiten betrifft, rechnen?

Der Einsatz von Maschinen bedeutet grundsätzlich höhere Produktivität und mehr Effizienz. Beides ist seitens staatlicher Institutionen und des Rechtsberatungssektors gefragt. Die oben beschriebenen Systeme werden sich daher auch mehr und mehr in beiden Bereichen verbreiten. In naher Zukunft werden die neuen Technologien insbesondere zu einer Steigerung der Produktivität von amtlichen und juristischen Entscheidungsträgern und Rechtsanwälten führen. Mittelfristig werden sie jedoch auch Positionen ersetzen, was durch demografische Effekte, den sich ergebenden Fachkräftemangel und den Schutz bestimmter Gruppen, namentlich Beamte, vielerorts nicht in Entlassungswellen münden dürfte. Genauere Berechnungen sind jedoch schwierig. Dramatischere Änderungen dürften sich für die anwaltlichen Berufskollegen ergeben, die auf Nischen setzen, die von den erfolgreichen Legal-Tech-Unternehmen besetzt werden.

Was die Anwaltschaft betrifft, bleibt abzuwarten, welche Auswirkungen die Nutzung der neuen Generation von Large Language Models durch Bürger und Unternehmen haben wird. Wie zuvor beschrieben, stehen diese Modelle Bürgern und Unternehmen nun nicht mehr nur mit rechtlichen Einschätzungen, sondern auch mit der Sichtung und Erstellung von Dokumenten zur Seite. Es ist zu vermuten, dass LLMs in Kürze weltweit zu den meistgenutzten Rechtsanwendungsmaschinen avancieren werden. Zusätzlichen Rückenwind erhalten sie durch eine jüngst veröffentlichte Studie der University of Cambridge, die die Stärke von GPT-4 belegt, Informationen aus englischen Gerichtsentscheidungen zu extrahieren, die nicht nur für Anwälte, sondern auch für Bürger und Unternehmen von Interesse sind.[108]

Meiner Einschätzung nach braucht die Welt der Juristen dabei jedoch nicht in Gänze zu erzittern. Diese Anwendungen werden vorwiegend in einem Bereich Verwendung finden, der bisher von ihnen nicht abgedeckt wurde. Wenn wir bedenken, dass Bürger und Unternehmen die Mehrheit ihrer rechtlichen Streitigkeiten ohne den Gang zur Kanzlei oder vor Gericht lösen, wird deutlich, dass LLMs vor allem eine Tätigkeit ersetzen werden, und das ist die herkömmliche Suche mit Google, Bing und anderen Suchmaschinen. Bislang waren sie die heimlichen dominierenden Assistenten der Rechtsanwendung durch Bürger und Unternehmen.

Dramatische Änderungen, die abhängig vom jeweiligen Land auch teilweise durch den sich einstellenden Fachkräftemangel aufgefangen werden könnten, sind jedenfalls im Bereich assistierender Rollen zu erwarten. Das Automatisierungspotenzial beim Office-Support bezifferte McKinsey branchenübergreifend auf 87 Prozent, wobei generative KI dabei lediglich einen Anteil von bis zu elf Prozent beisteuert.[109] Zu erheblichen Umwälzungen wäre es dementsprechend auch ohne das Hinzutreten von ChatGPT und Co gekommen. Im Kontext der Rechtsanwendung wird es in näherer Zukunft jedenfalls darum gehen, Entscheidungsträger, Anwälte und Justiziare bei ihren Kernaufgaben optimal mit Technologien und mit Personal zu unterstützen, welches diese Technologien handhaben, adaptieren, trainieren und weiterentwickeln kann. Es spricht alles dafür, dass sich Assistenzrollen entsprechend ändern und neue Berufsbilder entstehen werden, wie das von

Legal-Tech-Beratern, Rechtstechnologen, Rechtsanalysten und juristisch-technischen Projektmanagern.[110]

Verbraucher und Unternehmer können diesen Änderungen deutlich zuversichtlicher entgegensehen. Die Digitalisierung und Automatisierung der Rechtsanwendung führt dazu, dass sie teilweise ihre Rechte günstiger und schneller feststellen, verfolgen und verteidigen lassen können. Zugleich ersparen die Onlineportale des Legal Tech so manchen Gang zum klassischen Anwalt und senken dadurch die Hürden für die Wahrnehmung eigener Rechte. Aus Verbraucher- und Unternehmerperspektive werden die Entwicklungen für mehr Gerechtigkeit sorgen.[111]

Davon unabhängig ist die Frage, inwiefern der Einzelne auch von den wirtschaftlichen Effekten der neuen Maschinenwelt profitieren wird. Weltwirtschaftlich betrachtet kalkuliert McKinsey, dass allein die durch generative KI gesteigerte Produktivität zwischen 2,6 bis 4,4 Billionen US-Dollar einspielen wird, wobei diese Zahlen nicht nur Performance-Steigerungen bei der Rechtsanwendung widerspiegeln.[112] Gesamtgesellschaftlich stellt sich gleichwohl die Frage, inwiefern die Staaten sicherstellen, dass die wirtschaftlichen Früchte der neuen Automatisierungswellen auch breitere Schichten der Bevölkerung erreichen. Greifen wir dieses Thema weiter unten noch einmal auf, wenn es um die Perspektiven für den sozialen Zusammenhalt von Gesellschaften geht.

3.8

Entscheidungstechnologien

Was den längerfristigen Horizont und damit etwaige weitere Automatisierungsschübe anbelangt, so lassen sich Szenarien noch schwerer mit Zahlen belegen. Das soll uns nicht davon abhalten, diesen Horizont zu deuten und danach zu fragen, ob angesichts des überraschenden Erscheinens generativer KI nicht doch damit zu rechnen ist, dass Maschinen in den wahren Kernbereich des juristischen Feldes vordringen können. Es handelt sich um den Bereich der komplexeren behördlichen, rechtsanwaltlichen und vor allem auch richterlichen Entscheidungen und Tätigkeiten der Rechtsanwendung. Ich komme auf diesen gleich zurück.

Die Idee einer Übernahme eines großen Teils des Bereichs mag zunächst erschaudern lassen. Schließlich bedeutete dies, dass Künstliche Intelligenz über uns mitentscheiden und mitrichten wird. Vielleicht könnte sie dies aber genauso gut oder sogar wesentlich effizienter und gerechter als wir Menschen, was es in diesem Kapitel ebenso zu ergründen gilt. Die These, dass Maschinen das Rechtsstaatsprinzip, wonach das Recht für alle gleich gelten soll, viel stringenter umsetzen können als individuell wertgeprägte Menschen, die oft auch unter

Zeitdruck stehen, kommt immer wieder auf.[113] Aber auch ungeachtet dieser gerechtigkeitsgeleiteten Überlegungen würde eine breite Übernahme von Rechtsanwendungstätigkeiten durch Technologien ungeahnte Chancen für unsere Gesellschaft und damit für uns und unsere Kinder mit sich bringen. Werden wir uns dieser bewusst, bevor wir weiter voranschreiten.

Chancen des KI-Zeitalters

Vergegenwärtigen wir uns, dass die Rechtsanwendung und das Treffen daraus resultierender Entscheidungen zu den häufigsten Tätigkeiten staatlicher Einrichtungen gehören. Egal ob in Arbeits-, Bürger- oder Finanzämtern, in Ministerien oder bei Gericht – Kernaufgabe ist die Anwendung von Recht und Ordnung, die in Bescheide und Urteile mündet. Übernehmen Maschinen in Breite, so können sie staatliche Institutionen und die Staatskassen deutlich entlasten. Gesellschaften kämen Lösungen essenzieller Zukunftsprobleme näher, die unsere Gesellschaften zu zerbrechen drohen.

Es ist kein Geheimnis, dass viele Gesellschaften immer älter werden. Die ehemaligen Alterspyramiden haben sich bereits zu Baumformationen mit einem Stamm aus jüngeren Generationen und breiterer Krone von Eltern und Großeltern gewandelt. Immer weniger Personen im erwerbsfähigen Alter müssen immer mehr Personen im Rentenalter ersetzen und tragen. Zum einen geraten Staaten dadurch in Schwierigkeiten, eigene Stellen zu besetzen und ihre Leistungsfähigkeit aufrechtzuerhalten. Personaldecken werden dünner, Krankenstände wirken sich dramatischer aus, Wartezeiten in Ämtern nehmen zu, genauso wie die Dauer von Gerichtsverfahren.

Die Leistungsfähigkeit der Justiz wird dabei gleich mehrfach herausgefordert. Schließlich ist trotz des schwindenden Personalbestands durch die Vereinfachung und Verbilligung der Rechtsverfolgung durch Legal-Tech-Unternehmen mit einer weiteren dramatischen Zunahme von Klagen für einzelne Gerichte zu rechnen.[114] Daneben ist zu erwarten, dass sich die Verbreitung und Verbesserung von Deepfake-Technologien trotz der ersten gesetzlichen Gegenmaßnahmen fortsetzt und deren Nutzung zur Manipulation von Beweismitteln in sämtlichen Verfahrensarten zur ernsten rechtsstaatlichen Gefahr wird. Die Justiz wird nicht nur mit Technologie zur Identifizierung von Deepfakes gegensteuern müssen, sondern auch mit ausreichenden personellen Ressourcen.

Zum anderen führt die Alterung der Gesellschaft zur Notwendigkeit, die Systeme der Gesundheitsversorgung, der Langzeitpflege und der Renten und Pensionen erheblich auszubauen. Sollte das Maschinenzeitalter gesamtgesellschaftlich betrachtet dennoch mehr Jobs vernichten, als dass es neue schafft, tritt hinzu, dass Sozialprogramme aufgestockt oder Konzepte eines bedingungslosen Grundeinkommens eingeführt werden müssen, um ein Auseinanderbrechen der Gesellschaft zu verhindern.

Bisherige Lösungsideen sorgen in vielen Gesellschaften für erhebliche Verärgerung und bergen das Risiko, dass diese sich noch stärker Populisten öffnen. Denken wir an eine weitere Anhebung des Rentenalters, die Abschaffung von teuren Beamtenprivilegien, eine stärkere Migration und eine Übernahme von staatlichen Positionen durch Zuwanderer. Der Einsatz Künstlicher Intelligenz in staatlichen Institutionen auch im Bereich der Entscheidungsfindung wäre nicht das alleinige alternative Patentrezept, aber zweifellos ein wesentlicher Baustein, die sich auftuenden Herausforderungen zu bewältigen. Schließlich wäre er ein probates Mittel gegen personelle Engpässe und lange Wartezeiten. KI könnte langfristig die Leistungsfähigkeit des Staates sicherstellen. Führt man sich zudem den Anteil der Staatsbediensteten im Vergleich zur Gesamtzahl der Beschäftigten eines Landes vor Augen – in Norwegen sind dies 30,9 Prozent, in Frankreich 21,1 Prozent, in Großbritannien 16,9 Prozent, in den USA 15 Prozent und in Deutschland 11,1 Prozent[115] –, werden zudem die enormen fiskalischen Einsparpotenziale deutlich. Das gilt, auch wenn diese Zahlen mehr als nur die Gruppe der staatlichen Entscheidungsträger einschließen. Deren höhere Bezüge kumulieren sich letztlich immer noch zu erheblichen Volumina. Maschinen könnten damit zu einer Freisetzung von Mitteln führen, die eine alternde Gesellschaft dringend an anderer Stelle benötigt.

Der finanzmathematische Beweis für diese These steht sicherlich aus und wäre vor allem in den Ländern zu erbringen, die sich wie Deutschland durch einen schlankeren Staatsapparat auszeichnen. Deren Einsparpotenziale fallen gegebenenfalls geringer aus und freigesetzte Budgets sollten – sofern die Schlankheit ein Zeichen chronischer personeller Unterbesetzung ist – eher durch höhere Investitionskosten aufgezehrt werden. Schließlich gilt es, das Performance-Level nicht nur abzusichern, sondern durch Maschinen auch noch anzuheben.

Ungeachtet dieser haushälterischen Überlegungen und auch ungeachtet von derzeit existierenden verfassungs- und einfachgesetzlichen Grenzen der Automatisierung[116] drängt sich allein durch die Möglichkeit erheblich positiver Effekte die Frage auf, ob Maschinen aus technologischer Sicht überhaupt den Kernbereich der Rechtsanwendung und Entscheidungsfindung werden abdecken können. Nur wenn dies denkbar ist, lohnt es sich, sie als ernsthafte Lösungsoption für kritische Zukunftsthemen in Erwägung zu ziehen und politisch wie juristisch zu diskutieren.

Die große Skepsis

In den vergangenen Jahrzehnten herrschte in dieser Hinsicht verbreitet Skepsis. Zwar prognostizierte Legal-Tech-Guru Richard E. Susskind bereits vor Jahren radikale Veränderungen in der Rechtsbranche.[117] Allgemeine Meinung war jedoch, dass Maschinen sich nicht so weit entwickeln, dass sie Rechtsanwälte, Beamte und Richter in ihren

Hauptaufgaben vollständig ersetzen können.[118] Das enorme Automatisierungspotenzial sollte in erster Linie juristische Junior- und Sekundärtätigkeiten sowie die bürotechnische Unterstützung betreffen.

Nach dem Überraschungserfolg von ChatGPT und Co haben Experten ihre Schätzungen zwar noch einmal deutlich nach oben korrigiert. McKinsey geht nun länderübergreifend von einer denkbaren Automatisierung von 62 statt 32 Prozent der Tätigkeiten in der Gruppe von Wirtschafts- und Rechtsexperten aus,[119] während Goldman Sachs eine Automatisierung von 44 Prozent der Tätigkeiten im Rechtssektor der USA für möglich hält.[120] Der Kernbereich der Rechtsanwendung scheint jedoch weiterhin unberührt zu bleiben, da ein erheblicher Anteil nicht automatisierbarer Aufgaben verbleibt.[121] Künstliche Intelligenz wird noch immer als effiziente und intelligente Unterstützung für Entscheidungsträger wahrgenommen.

Das verwundert. Tech-Blogs und Tech-Magazine quellen über vor Ideen und Konzepten selbstlernender Maschinen und Künstlicher Intelligenz. Da sind Maschinen, die Fahrzeuge steuern und Krebs diagnostizieren, Maschinen, die Beethovens Zehnte vollenden und Möbel designen. All das betrifft Tätigkeiten, die wir noch vor einiger Zeit als zutiefst menschlich charakterisiert hätten und die Feingespür und reichlich Lebens- und Berufserfahrung erfordern. Wieso soll vor dem Hintergrund dieser Umstände ein großer Teil der juristischen Domäne von der Automatisierung ausgespart bleiben?

Angesichts der enormen positiven Potenziale, aber auch der möglichen negativen Auswirkungen einer weitergehenden Digitalisierung im Bereich der Rechtsanwendung will ich mich mit den Einschätzungen der Unternehmensberater daher nicht zufriedengeben. Hinzu kommt, dass es sich bei den Einschätzungen um Momentaufnahmen handelt, um Meinungen, die sich mit dem nächsten Innovationsschub drastisch ändern können, und um solche, die vielleicht gar nicht so eindeutig sind, wie die Zahlen suggerieren. So zeigen die Erhebungen von McKinsey ebenfalls, dass generative KI branchenübergreifend den größten Einfluss auf die Anwendung von Fachwissen bei kreativen Aufgaben, der Entscheidungsfindung und Planung haben könnte – Tätigkeiten, denen bisher nur ein geringes Automatisierungspotenzial zugeschrieben wurde und die sehr wohl auch zum Kernbereich des juristischen Faches zählen.[122]

Der juristische Kernbereich

Was zeichnet diesen juristischen Kernbereich, der sich noch so hartnäckig der Automatisierung entzieht, überhaupt aus? Bei genauerer Betrachtung ist er dreigeteilt und betrifft zentrale juristische Tätigkeiten. Bei einem Teil handelt es sich um die Ermittlung des Sachverhalts, welcher etwa Gegenstand des Urteils eines Richters ist.[123] Es geht um die Suche nach Fakten, Beweisen und Indizien. Maschinen sollen, so das Argument, auf lange Sicht nicht über die hierfür erforderlichen sensorischen, kommunikativen und geistigen Fähigkeiten verfügen.[124] Sie sollen nicht wie Juristen eigenständig nach der Wahrheit suchen und immer tiefer graben können, bis ein raffiniertes Gerüst aus Lügen zusammenbricht.

Der zweite Bereich von scheinbar nicht kopierbaren Tätigkeiten kann als „Normexploration" bezeichnet werden. Dabei handelt es sich um die Ermittlung der einschlägigen Norm oder des Normgeflechts für einen bestimmten Fall, basierend auf Wissen, Intuition und gelegentlich Kreativität.[125] Aktuelle Rechtsanwendungstechnologien, wie sie beispielsweise von Fluggastportalen verwendet werden, beinhalten die zu prüfenden Normen in ihrer Programmierung. Deren Algorithmen spiegeln die Tatbestands- und Rechtsfolgenseite wider und überprüfen, ob ein in das Frontend eingegebener Sachverhalt damit in Einklang steht oder nicht. In der juristischen Praxis stehen die kritischen Normen aber oftmals nicht von vornherein fest. Entscheidungsträger und Berater müssen sich an diese herantasten. Die Blicke wandern hin und her zwischen Sachverhalt und normativem Dschungel.[126] Ausbildung und Erfahrung formen Wissen, juristische Intuition und Kreativität. Sie erlauben es, die zu den Darstellungen von Mandanten, Tätern und Zeugen passenden Normgeflechte zu identifizieren. Das gilt in Rechtsordnungen, die stärker von Gesetzen geprägt sind, aber auch in Rechtsordnungen, denen das Fallrecht seinen Stempel aufdrückt, in denen also die maßgeblichen Rechtsprinzipien erst noch durch eine Auswertung einschlägiger Präzedenzfälle destilliert werden müssen.

Der dritte resistent erscheinende Tätigkeitsbereich kann als „wertende Rechtsanwendung“ bezeichnet werden. Das Bewerten, also das auf Werten basierende Nachdenken und Urteilen über Sachverhalte, Personen oder Objekte, scheint etwas zutiefst Menschliches zu sein. Vorläufig stellt auch die Wertung noch eine der Bastionen dar, die dem Vormarsch der Maschinen standhalten. Die Bildung von Werturteilen ist oftmals zentrales Element der Rechtsanwendung.[127] Sie leitet den Rechtsanwalt bei der Ermittlung ausreichender Beweise und Indizien und den Richter bei deren Würdigung. Vor allem leitet sie aber den juristischen Berufsstand beim Herunterbrechen abstrakter gesetzlicher Normen oder zurückliegender Präzedenzfälle auf neu zu beurteilende Einzelfälle. Wenn wir in den Gesetzbüchern blättern, eröffnet sich uns die juristische Welt oft nur langsam. Nicht nur, dass die Begriffe oft abstrakt sind und eine eigene Sprache bilden, sondern viele Normen lassen ausdrücklich oder implizit Spielraum für Bewertungen. Dessen Ausgestaltung im Einzelfall hängt von der fachmännischen Beurteilung eines Sachverhalts, der Ermessensausübung einer Behörde oder der Abwägung von kollidierenden Interessen ab. Zivilrechtliche Verfahren, die strafrechtliche Beurteilung oder die Überprüfung der Verfassungsmäßigkeit eines Gesetzes – sie alle sind geprägt von derartigen Merkmalen. Der Schlüssel zum richtigen Umgang mit ihnen liegt in der Wertung, sei es in Form der Interpretation eines unklaren Begriffs, der Bemessung der Strafe für einen Gewalttäter oder einer Gewichtung von Verfassungsgütern wie der Kunstfreiheit und dem Jugendschutz.

Die Robustheit des juristischen Kernbereichs

Bei genauerem Hinsehen scheinen diese menschlichen Festungen der Sachverhalts- und Normermittlung sowie der juristischen Wertung aber gar nicht so robust zu sein. Im Bereich der Sachverhaltsermittlung schlagen eDiscovery-Programme und Regulatory-Technology-Systeme (RegTech)[128] bereits heute Juristen aus dem Feld, wenn es um das Durchsuchen von Datenbanken, Schriftsätzen, E-Mails, Chatprotokollen und Zahlungsströmen geht. Richter sind von den Ergebnissen erster Projekte begeistert, bei denen speziell trainierte KI für sie entscheidungsrelevante Aspekte aus Klageschriften filtert.[129] Darüber hinaus hat sich im Bereich der Normermittlung, ausgehend von den USA, eine ganze Industrie von Legal-Tech-Anwendungen herausgebildet. Diese Anwendungen ermitteln selbst für Großkanzleien mit Rang und Namen Präzedenzfälle in den Weiten des amerikanischen Fallrechts. Und ihre Alarmglocken läuten, sollte sich einmal ein Dokument auf eine längst verworfene Rechtsprechung stützen. Wenn KI begonnen hat, Anwälte durch die Labyrinthe des Fallrechts zu führen, sollte sie dies ebenso im Bereich des Gesetzesrechts tun können. Sicherlich brillierte die größte deutsche Online-Rechtsdatenbank Beck-Online bislang alles andere als mit einer revolutionären Suchfunktion. Mit Beck-Chat – derzeit noch ein KI-Entwicklungsprojekt – hat der deutsche Branchenführer jedoch begonnen, sich in diese Richtung voranzutasten.

Was schließlich den letzten Bereich der Wertung anbelangt, so können Entwickler, aber auch KI selbst Maschinen ebenso mit einem Wertekanon ausstatten. Wenn sie zum Beispiel festlegen, dass ein autonomes Fahrzeug im Falle einer Kollision das Leben eines Menschen schützen soll und nicht das eines vor die Stoßstange springenden Rehbocks, folgt die Maschine bei ihrer Entscheidung einem Wertemaßstab. Sie trifft eine wertbezogene Entscheidung, ein Urteil. Sie rettet dem Menschen das Leben und lässt das Ereignis für den Rehbock tödlich enden.

Angesichts dessen, dass der juristische Kernbereich gar nicht komplett als uneinnehmbar erscheint, ergeben sich zwei Fragen, deren Beantwortung unseren Blick auf die mögliche Zukunft der anwaltlichen, behördlichen und gerichtlichen Rechtsanwendung und Entscheidungsfindung mit all ihren gesamtgesellschaftlichen Chancen und Risiken weiter schärfen wird. Zum einen stellt sich die Frage nach dem Entwicklungsstand von Rechtsanwendungs- beziehungsweise Entscheidungstechnologien, der zukünftige Generationen zufriedenstellen könnte, damit sie Maschinen den Weg in juristische Kernpositionen öffnen. Zum anderen ist zu klären, ob Maschinen jemals dieses Niveau erreichen können.

Anforderungen an zukünftige Maschinengenerationen

Was den ersten Aspekt des zukünftig akzeptablen Entwicklungsniveaus anbelangt, greift möglicherweise unter unseren Kindern der Gedanke um sich, dass Maschinen prinzipiell nicht über Menschen richten sollten, egal wie gut sie Sachverhalte ermitteln und wertend urteilen würden. Vielleicht erscheinen ihnen Entscheidungen Künstlicher Intelligenz als undurchschaubar und kaum vertrauenswürdig[130] und Ängste vor versteckten Voreingenommenheiten, Diskriminierungen, Fehlern im Dateninput oder in den Algorithmen können nicht ausgeräumt werden. Verfassungs- und Gesetzgeber sowie höchste Gerichte könnten daher den Einzug von Maschinen in Gerichtssäle und Beamtenstuben nachhaltig blockieren.

Eventuell reagieren kommende Generationen aber auch gelassener und räumen Maschinen den Weg frei. Auch Menschen haben ihre Schwächen und Grenzen.[131] Nicht jede ihrer Entscheidungen ist verständlich. Warum dann nicht doch auf effiziente, intelligente künstliche Systeme setzen? Bereits im Jahr 2019 brachte eine internationale Studie die überraschende Erkenntnis, dass 25 Prozent der Europäer Künstlicher Intelligenz wichtige landesweite Entscheidungen anvertrauen würden.[132]

Was spricht gegen die Annahme, dass dieser Anteil bei ihren technikaffinen Kindern dereinst nicht noch deutlich höher ausfallen wird?

Was künftige Generationen dabei fordern würden, wäre mit Sicherheit, dass Maschinen den Anforderungen gerecht werden, die auch menschliche Entscheidungsträger erfüllen müssen. Sie würden dann wie ihre Kollegen mit Talar und Kragen Sachverhalte und Normen ermitteln sowie Recht wertend anwenden. Was wären aber diese Anforderungen, die unsere Kinder sowohl auf den alten Berufsstand als auch auf die neuen Hightech-Maschinen umlegen würden?

Eine abschließende Beschreibung fällt schwer, auch wenn man davon ausgeht, dass sich die zukünftigen Anforderungen von den heutigen nicht unterscheiden. Schon die heutigen Erwartungen ergeben eine imposante, kaum überschaubare Liste. Je nach Rechtskreis, Rechtsordnung, Rechtszweig und dessen Untergliederungen, etwa in Arbeits-, Handels-, Straf-, Verwaltungs- oder Verfassungsrecht, haben sich komplexe Bündel von geschriebenen, ungeschriebenen und unerforschten Anforderungen an Entscheidungsträger herausgeformt. Zusammen sollen sie sicherstellen, dass die juristischen Kerntätigkeiten qualitativ und quantitativ zufriedenstellend erledigt werden. Stellenbeschreibungen für Richter und Beamte enthalten nur grobe Anforderungskataloge. Sie gehen von der Notwendigkeit zahlreicher weiterer sensorischer und geistiger Fähigkeiten der Kandidaten aus. Sei es deren detektivisches Gespür und auf langjährige Gerichtspraxis gegründetes Vermögen der Rechtsfindung oder deren Empathie und Integrität.

Erschwerend tritt bei der Bestimmung der Anforderungsniveaus hinzu, dass diese in gewisser Weise variabel sind und in Zeiten des Personalmangels sinken. Außerdem werden selbst Menschen der sich darstellenden Wolke von Erwartungen nicht komplett gerecht – ein Umstand, den wir Bürger, wenngleich knurrend, in unserem Alltag akzeptieren. Richter und Beamte begehen mitunter Fehler, sie unterliegen bisweilen kognitiven Verzerrungen, Fehlannahmen und Voreingenommenheiten; manchmal leiden sie an Schlafmangel und in verschiedenen Ländern sind sie weniger immun gegen Korruption und politischen Druck. Hinzu kommt die zeitliche Geduld, die so manches Verfahren vor menschlichen Richtern erfordert.[133] So wie heutige Generationen gegenüber menschlichen Entscheidungsträgern eine gewisse Toleranz aufbringen, würden dies künftige Generationen möglicherweise auch gegenüber Maschinen tun, wenn es um die Bestimmung der Anforderungsniveaus geht.

Versuchen wir den Kumulus von wahrscheinlichen Erwartungen gleichwohl noch etwas zu strukturieren. Drei Arten von Anforderungen sind dabei augenfällig. Allesamt sind bedeutend für die juristischen Kerntätigkeiten, also für die Sachverhalts- und Normermittlung wie auch für die wertende Rechtsanwendung. Es handelt sich um Ansprüche, die sich auf Wissen und Erfahrungen beziehen, die sensorische und kommunikative Fähigkeiten betreffen und die kognitive Kompetenzen anbelangen.

Was den ersten Bereich der auf Wissen und Erfahrungen bezogenen Anforderungen betrifft, ist es eine Binsenweisheit, dass Entscheidungsträger, insbesondere Richter, über ausreichende fachliche Expertise inhaltlicher und methodischer Art verfügen müssen. Nur so können sie Rechtsregeln und Prinzipien korrekt anwenden. Ebenso wenig können sie auf ein umfassendes Allgemeinwissen und Lebenserfahrung verzichten.[134] Andernfalls wären sie nicht in der Lage, Lebenssachverhalte sowie Emotionen und Motive der Beteiligten korrekt zu interpretieren und angemessen zu berücksichtigen.

Das Spektrum von Anforderungen, vor denen zukünftige Maschinen stehen würden, schließt ebenso bestimmte sensorische und kommunikative Fähigkeiten ein. Sie ermöglichen die Aufnahme von Informationen und damit erst das Studium von Normen, Präzedenzen, Akten und Fachliteratur. Sie erlauben den prüfenden Blick auf Beweismittel, die Vernehmung von Angeklagten und den Erfahrungsaustausch mit Kollegen. Sie sind der Schlüssel zur Rekonstruktion der normativen Welt und des Sachverhalts, den es zu entscheiden gilt. In einer Welt voller maschineller Sensorik und Hightech-Prothesen werden es jedoch nicht nur das Sehen, Hören und Sprechen mit menschlichen Sinnes- und Kommunikationsorganen sein, die eine Erfüllung dieser Anforderungen in Zukunft gestatten. So wie teils heute schon Blinden und Sehbehinderten der Weg ins Richteramt und in die Staatsanwaltschaften offensteht, sollte in Zukunft Maschinen nicht allein deshalb der Weg in diese Bereiche versperrt werden, weil sie technische Sensoren und Kommunikationsmittel zur Rekonstruktion und Identifikation entscheidungsrelevanter Sachverhalte und Normen nutzen.

Ein weiterer kritischer Bereich von Anforderungen betrifft schließlich kognitive Kompetenzen. Kognition soll hier als Summe von Informationsverarbeitungsprozessen verstanden werden, die sich beim Menschen als Wahrnehmungs-, Denk- und Abspeicherungsprozesse darstellen.[135] Kognitive Kompetenzen zu besitzen bedeutet, diese Prozesse vollführen zu können. Grundsätzlich formen sie Informationen aus Wissens- und Erfahrungsspeichern sowie aus sensorischen Quellen zu Gedanken, zu bewusster oder unbewusster Wahrnehmung sowie zu neuem Wissen, Erfahrungen und kommunikativen Reaktionen. Eine Reihe der kognitiven Prozesse, die eine Rolle für die hier interessierenden Kerntätigkeiten spielen, ist dabei spezieller berufsspezifischer Natur. Zu ihnen zählen das Bilden von fachgerechten Werturteilen und Argumenten, die Entwicklung von juristischer Kreativität und verhandlungstaktischen Kompetenzen, der Umgang mit Unsicherheiten sowie die Herausbildung von detektivischem Gespür und juristischem Urteilsvermögen sowie juristischer Intuition.[136]

Zu den erforderlichen kognitiven Verarbeitungsprozessen zählen aber auch Abläufe, die genereller und nicht berufsspezifischer Natur sind und mit Alltagsdenken und Alltagswahrnehmung überschrieben werden können. Diese Prozessgruppe schließt nicht nur das ein, was man auch bei Juristen als gesunden Menschenverstand verstehen kann,[137] sondern ebenso die Wahrnehmung und Rekonstruktion der Welt auf Basis einströmender sensorischer Reize,[138] das Sich-Erinnern, das Sich-Vorstellenkönnen von zukünftigen Entwicklungen sowie das Hervorbringen von sozialer Kompetenz und Empathie.[139] Die juristischen Kerntätigkeiten basieren genauso auf diesen Prozessen. Ohne sie könnte sich ein Richter schwerlich in Angeklagte hineinversetzen, die Plausibilität von Zeugenaussagen taxieren oder die Wirkung eines Urteils auf die Entwicklung eines jugendlichen Delinquenten prognostizieren.

Entwicklung zukünftiger Maschinengenerationen

Die Liste von Anforderungen an zukünftige Maschinen ist damit gewaltig. Wie sollen sie all das Wissen und die Erfahrungen ihrer zweibeinigen Kollegen aufbringen, ihre sensorischen und kommunikativen Fähigkeiten entwickeln und dann noch deren Verstand kopieren? Die Argumente gegen eine volle Automatisierbarkeit juristischer Tätigkeiten klingen plausibel. Gehen wir dennoch einen Schritt weiter und versuchen uns an einer Antwort.

Dabei lasse ich einmal die rein physischen Fähigkeiten Sehen, Hören und Sprechen beiseite. Wissenschaft und Technik haben bereits eindrucksvoll bewiesen, dass sie prinzipiell Augen, Ohren und Stimmbänder durch Sensoren und vibrierende Membranen ersetzen können. Sicherlich lesen Alexa, Siri und Co uns derzeit alles andere als die Worte von den Lippen ab, wir stehen aber auch hier erst am Anfang der denkbaren technologischen Entwicklungen.

Was die Erfüllung der übrigen Erfordernisse anbelangt, orientieren wir uns an der humanen Biologie und Psychologie. Schließlich wird der Mensch den gestellten Anforderungen gerecht.

Auch wenn die Abläufe im menschlichen Gehirn zunächst chaotisch erscheinen, durchzucken Geistesblitze die Areale nicht grundlos. Es herrscht keine zerebrale Anarchie, weder in unserer bewussten Gedankenwelt noch in den unbewussten Sphären der Kognition. Fachleute verstehen viele Abläufe noch nicht, es kann aber davon ausgegangen werden, dass neurologische Prozesse Mustern folgen und selbst unzählige Muster herausbilden.[140] Ohne zu sehr in Details abzuschweifen: Es handelt sich um neurale Muster der Abspeicherung, der Erinnerung, der Gefühle, des Denkens und Wertens sowie der Interpretation und der Sicht auf die Welt. Sie erlauben uns, Ordnung in ein Universum unendlicher externer und interner Reize zu bringen, unsere Welt durchzurastern, abzuschichten, in kleine Boxen zu packen, in Teilen auszublenden und mit ihren Unsicherheiten umzugehen.

Neuronale Muster bestimmen ebenfalls die Art und Weise, wie Richter, Anwälte und Beamte juristisch relevante Sachverhalte ermitteln, einschlägige Normen identifizieren und Wertungen vornehmen. Sie erlauben es ihnen, den an sie gestellten Anforderungen gerecht zu werden. Trotz des frommsten Wunsches, einzelfallgerecht urteilen zu wollen, setzen sich damit auch in den Köpfen von Juristen über die Zeit gewachsene Schablonen durch: Muster der Lebens- und Berufserfahrung, der juristischen Ausbildung, der Interpretation der Wirklichkeit und der Wertvorstellungen. Einzelfallgerechtigkeit vollzieht sich also nicht nur auf der Basis von neuronalen Mustern, die absorbierte gesetzliche Grenzen widerspiegeln, sondern auch anhand zahlreicher anderer zerebraler Schablonen und Rahmen. Einige dieser Muster können gesetzlich gefordert sein (zum Beispiel eine freiheitlich-demokratische Werteorientierung in Deutschland)[141], andere gelten als rechtsfremd und unerwünscht (zum Beispiel diskriminierende Voreingenommenheit oder Korruptionsaffinitäten). Kurz: Die Anwendung von Recht durch den Menschen und all die dabei ablaufenden neuronalen Prozesse sind durch eine Orientierung an Mustern gekennzeichnet und bilden im Übrigen auch solche heraus. Jeder Versuch, sich diesem Umstand zu entziehen, müsste in der Abschaltung des Gehirns enden.

Wie wir wissen, bildet die Mustererkennung ebenfalls eines der zentralen Themenfelder der IT. Dank Big Data und exponentiellem Wachstum von Rechenkapazitäten waren Forscher und Entwickler in den letzten Jahren auf diesem Gebiet äußerst erfolgreich. Anwendungen, bei denen es im Kern um Mustererkennung geht, umgeben uns heute auf Schritt und Tritt: Sprach-, Gesichts-, Bild- und Schrifterkennung, Fingerabdruckscanner, Spamfilter, medizinische Diagnosesysteme, Fahrerassistenzsysteme. Die prominentesten Formen bilden derzeit NLP-Technologien (NLP steht für Natural Language Processing, also die Fähigkeit von Maschinen, menschliche Sprache zu verstehen und darauf zu reagieren) sowie die darauf basierenden Formen generativer Künstlicher Intelligenz. Die ihnen zugrunde liegenden künstlich neuronalen Netze sind hoch spezialisierte Werkzeuge zur Erkennung, Speicherung, Generalisierung und Anwendung von Mustern.

Genau genommen hat die IT mit dem Anlegen und Widererkennen von Mustern bereits den kleinsten gemeinsamen Nenner von Technologie und menschlichem Gehirn gefunden. Theoretisch sollte sie auf dieser Grunderkenntnis aufbauend in der Lage sein, die Reihe von smarten Anwendungen immer weiter fortzuschreiben und daher in zukünftigen Tagen auch den Funktionskosmos des Gehirns zu durchdringen – auch den eines juristischen Gehirns.[142] Mehr noch, es sollte ihr sogar möglich sein, in Bereiche vorzustoßen, die jenseits der menschlichen Fähigkeiten liegen. Maschinen könnten sich daher selbst zu den besseren Ermittlern und Entscheidern entwickeln. Schließlich gelten für sie nicht die physischen Grenzen der menschlichen Informationsaufnahme und -verarbeitung. Voraussetzung wäre selbstverständlich, dass Maschinen mit ausreichenden Daten und menschlichem Feedback konsequent weiter lernen und fortgeschrittene KI-Systeme gegebenenfalls miteinander verknüpft werden. Nur so wäre es möglich, dass Technologie all die menschlichen Wissens-, Erfahrungs- und Emotionsmuster nachbildet – so weit die Theorie.

Die Zeichen der Zeit

Theorien scheitern aber häufig an der Vielschichtigkeit der realen Welt. So scheint es auch in diesem Fall zu sein, zumindest für die nächste

Zeit. Das Gehirn ist bekannterweise ein hoch kompliziertes Organ. 100 Milliarden Neuronen kommunizieren über ein Vielfaches von Kontaktpunkten. Fachleute stehen erst am Anfang ihrer Entzauberung. Auch viele der uns interessierenden Muster, mit denen Juristen etwa Sprachnuancen entschlüsseln, detektivisch der Wahrheit nachspüren oder die unseren gesunden Menschenverstand, unser juristisches Urteilsvermögen und Augenmaß ausmachen, verbergen sich noch erfolgreich im Grau und Weiß des Gehirns und werden dies auch noch für eine Weile tun.

Gleichwohl bin ich überzeugt, dass es Entwicklern und Künstlicher Intelligenz in der weiteren Zukunft gelingen wird, einen großen Teil der menschlichen Verhaltens-, Denk- und Gefühlsmuster zu imitieren und die Imitationen miteinander zu verknüpfen.[143] Zu den nachgeahmten Mustern werden auch zahlreiche derer zählen, die die zentralen Bereiche menschlicher Rechtsanwendung und damit typische Tätigkeiten von Richtern, Beamten und Rechtsanwälten ausmachen. Maschinen können so – sofern der Gesetzgeber und erforderlichenfalls auch der Verfassungsgeber dies mitträgt – in der Tat nach und nach Teile dieser Tätigkeiten übernehmen und es dem Staat ermöglichen, Positionen abzubauen, finanzielle Ressourcen freizusetzen und Entscheidungsprozesse in Ämtern und Gerichten maßgeblich zu beschleunigen. Dort wo Entscheidungsmaschinen zum Zuge kommen, muss der Mensch selbstverständlich für strikte Kontrolle sorgen. Siehe dazu sogleich Kapitel 3.9.

Die politischen, ökonomischen und technologischen Zeichen, die in die Richtung einer immer stärkeren Automatisierung der Rechtsanwendung zeigen und vielleicht sogar die Öffnung des Kernbereichs in entfernterer Zukunft erahnen lassen, sind trotz der technischen und juristischen Skepsis vieler Experten unübersehbar. Schon Gesetzgeber und Regierungen unserer Zeit haben zumindest keine grundsätzlichen Berührungsängste mehr vor Automatisierungen in Verwaltung und Rechtsprechung, ohne natürlich die roten Linien heutigen Rechts außer Acht lassen zu wollen. Der Auftakt zur Nutzung von staatlichen digitalen Entscheidungsmaschinen und Entscheidungshilfen liegt längst hinter uns und die staatlichen Institutionen tasten sich an die nächsten Automatisierungsschritte und eine noch stärkere Nutzung von Künstlicher Intelligenz heran. Das gilt für die USA, in denen KI schon seit Jahren Sozialprognosen für Straftäter erstellt und damit Einfluss auf gerichtliche Urteile nimmt. Das trifft aber auch auf Deutschland zu, in dem das gerichtliche Urteilen verfassungsrechtlich noch ausschließlich menschlichen Richtern anvertraut ist. Trotz der Beteuerungen, an diesem Prinzip nicht rütteln zu wollen oder rechtlich zu können, scheint seine faktische Untergrabung durch Algorithmen, die Richtern selektiv aus Rechtsdatenbanken stammende Vergleichsurteile und Rechtsmeinungen heraussuchen und sie so in bestimmte Richtungen lenken können, nicht mehr in allzu weiter Ferne zu liegen. Gleiches gilt aufgrund der momentanen Entwicklung von Künstlicher Intelligenz, die für Gerichte die entscheidungsrelevanten Tatsachen aufbereitet.[144] Künstliche Intelligenz, die Tatsachen filtert, die Gerichte sodann bewerten, urteilt potenziell mit. Die Selektion und selbst die Vorselektion kritischer Informationen führt Richter bei der Sachverhaltsermittlung und kann daher auf deren Entscheidung durchschlagen.

Angesichts der aufgezeigten Herausforderungen, die sich durch eine alternde Gesellschaft und das Voranschreiten des zweiten Maschinenzeitalters ergeben, wird den Staaten letztlich auch kaum etwas anderes übrig bleiben, als sich selbst der Digitalisierung immer mehr zu öffnen und diese mit dem richtigen Augenmaß für Chancen und Risiken sowie unter Beachtung der jeweils geltenden, insbesondere verfassungsrechtlichen roten Linien[145] regulativ zu steuern. Dabei können wir davon ausgehen, dass zukünftige Generationen, die mit Künstlicher Intelligenz aufgewachsen sind, die Dinge nicht zwangsläufig nach unseren Maßstäben beurteilen und sich als offener für weiterreichende Innovationen erweisen werden.

Für die folgenden Digitalisierungsschübe werden ebenso gewaltige private Investitionen bereitstehen. Schließlich warten mit der neuen

Garde innovativer Rechtsanwendungsmaschinen milliardenschwere Umsätze und in manchen Träumen vielleicht sogar „The Next Big Thing" – das nächste hochlukrative technische Wunderwerk. Angesichts der Größe des Rechtsanwendungsmarktes könnte ein solches seine Besitzer in die Reihe der Tech-Riesen vorrücken lassen.

Aber nicht nur politisch und ökonomisch, sondern auch technisch scheinen die Weichen für eine Zukunft intelligenter und hyperintelligenter Rechtsanwendungsmaschinen gestellt zu sein. Seit Jahren wird die Entwicklung von NLP-Technologien etwa zur Analyse von Rechtstexten und juristischen Argumentationen unter den Begriffen Legal Text Analytics und Legal Argument Mining vorangetrieben. Diese Technologien identifizieren immer mehr juristische Sprach-, Argumentations- und Referenzierungsmuster[146] und bereiten damit die Basis für weitergehende Innovationen, die juristische Schlüsseltätigkeiten betreffen. Künstliche Intelligenz und smarte Programme wie Ross, Lex Machina und Westlaw Edge haben darüber hinaus begonnen, die Identifizierung einschlägiger Normen und Präzedenzen sowie die Entscheidungsvorhersage und anwaltliche Strategieplanung zu revolutionieren.[147] Selbst vor der Imitation der Anwendung höchster juristischer Prinzipien wie demokratischen Werten und Grundrechtsprinzipien gibt es kein Halten mehr. Schließlich haben Forscher und Entwickler bereits begonnen, diese in maschinelle Entscheidungssysteme zu integrieren.[148]

Zudem sind Cognitive-Computing-Systeme dabei, die Welt menschlicher Emotionen und empathischer Fähigkeiten, der auch so manche juristische und detektivische Begabung entstammt, zu entschlüsseln und teils zu imitieren.[149] Bei genauer Betrachtung stehen wir bereits an der Schwelle zu einem weiteren bedeutenden Durchbruch: einer neuen Welle von KI-Modellen mit emotionaler Intelligenz. Diese Entwicklung wird weitere innovative Anwendungen in allen Industrien sowie im öffentlichen Sektor ermöglichen. Selbstredend birgt sie auch erhebliche Risiken für unser psychisches Wohlbefinden, unsere Selbstbestimmung und Freiheit, die unbedingt adressiert werden müssen.

Letzte Zweifel sollten bei einer genauen Betrachtung der Fähigkeiten von großen Sprachmodellen, insbesondere ChatGPT, entfallen. Dabei geht es mir nicht nur um das Projekt Strawberry, das ChatGPT angeblich bereits ein gewisses Maß an Denkvermögen verliehen haben soll. Schon die erste öffentlich zugängliche Version dieses Chatroboters vermochte offene juristische Fragen teils besser zu beantworten als so einige meiner Studenten. Der Gerechtigkeit halber sei aber angemerkt, dass ChatGPT damals und heute ebenso eloquent falschliegen konnte beziehungsweise kann, was bekanntermaßen selbst seine Schöpfer eingestehen.[150] Doch abgesehen von so manch juristischer Stärke verblüffte schon die damalige Version von ChatGPT auch in anderer Hinsicht, und zwar mit empathischen Fähigkeiten. In zahlreichen untersuchten Fällen identifizierte ChatGPT korrekt Emotionen und reagierte auch mit solchen.[151] Das verleitet zu der These, dass generative KI, die anhand von menschlichen Schriftquellen lernt, nicht nur Silben und Worte in einer Art und Weise aneinanderreihen kann, dass diese einen Sinn ergeben. Sie kann dies auch in einer Art und Weise tun, dass menschliche Emotionen nachgeahmt werden. Generative Künstliche Intelligenz kann sich damit – was aufgrund ihrer Funktionsweise zunächst schwer vorstellbar ist – durchaus zu eigen machen, wie der Mensch Fakten und Scheinwahrheiten emotional präsentiert. Auch in dieser Hinsicht erlernt KI die humanen Muster.

3.9

Kontra Maschinen

Die neuen Generationen von Technologien haben das Potenzial, die Art, wie Gesellschaften gesteuert werden, grundlegend umzugestalten – zum Positiven wie zum Negativen. Die vorherigen Kapitel haben in erster Linie sich eröffnende Vorteile und Chancen in den Mittelpunkt gerückt. Diesen Potenzialen steht eine Reihe von Nachteilen und Risiken gegenüber, denen bislang nur wenig Raum gegeben wurde. Ihnen ist durch eine kluge und angemessene, die Digitalisierung begleitende und teils ausbremsende Regulierung zu begegnen.

Zahlreiche negative Aspekte und Gefahren waren bereits Gegenstand ausführlicher Diskussionen und sind vielen unter uns als typische Angstgespenster der Digitalisierung bekannt beziehungsweise fallen ohne Weiteres ins Auge, sodass an dieser Stelle nur ein Verweis genügen soll. Dabei denke ich an erster Stelle an das Risiko eines immer tieferen Eindringens in unsere Privatsphäre und das einer staatlichen Ausnutzung gewonnener sensibler Informationen zu ethisch verwerflichen Steuerungszwecken. Diesem Risiko muss durch eine regulatorische und gerichtliche Verteidigung von Grundrechts- und Rechtsstaatsprinzipien entschieden entgegengetreten werden.

Genauso augenfällig sind die Gefahren, die aus einer mangelhaften Qualität und Verlässlichkeit von staatlichen Steuerungstechnologien und der genutzten Daten herrühren. Defizitäre Programmierungen, realitätsverzerrende und zu stark vereinfachende Muster und Modelle, mangelhafte Ausgangsinformationen, fehlende Feedbackschleifen, halluzinierende und diskriminierende KI sowie ungenügende IT-Sicherheit können zu drastischen Fehlsteuerungen, Fehlurteilen und Manipulationsanfälligkeiten führen.[152]

Potenziell betroffen von diesen Effekten wäre nicht nur der Staatshaushalt durch notwendig werdende Revisionsmaßnahmen, sondern vor allem wiederum wir Bürger und unsere Unternehmen durch fehlgeleitete Einschnitte in unsere Entfaltungsmöglichkeiten. Auch wenn die maschinelle Evolution immer weiter voranschreiten wird, handelt es sich dabei um dauerhafte Gefahren. Mit einem engen Korsett aus Regeln versucht die Europäische Union bereits, den Gefahren der nächsten Jahre entgegenzuwirken. Diese Normen sind teils noch recht jung – denken wir an die KI-Verordnung – und eine Reihe von möglicherweise kritischen technologischen Entwicklungen hin zu einem Staat 3.0 steht noch bevor, sodass ich mir eine Auswertung der regulatorischen Wirkungen für eine spätere Auflage vorbehalten muss.

Das Primat der menschlichen Revision

Angesichts der umschriebenen fortdauernden Fehleranfälligkeit von Technologien muss der Staat und der hinter diesem stehende Mensch jedenfalls auch langfristig in Verantwortung bleiben, für strikte Kontrolle sorgen und nötigenfalls Entscheidungen revidieren. Dieses Primat der menschlichen Kontrolle und Revision hat für die technologisch gestützte Vorbereitung von Gesetzen genauso zu gelten wie für die Rechtsumsetzung, genauer für maschinell getroffene oder unterstützte behördliche und gerichtliche Entscheidungen, die uns als einzelne Mitglieder der Gesellschaft treffen. Gilt es in Zukunft etwa, behördliche oder gerichtliche Entscheidungen, die zulässigerweise[153] durch KI getroffen wurden, zu überprüfen, so sollte es entsprechend der Mensch bleiben, der im Rahmen von Rechtsbehelfsverfahren selbstbewusst den maschinellen Suggestionen der Richtigkeit dieser Entscheidungen gegenübertritt und sie bei Fehlerhaftigkeit revidiert. Dieser Vorbehalt sollte uns einfache Bürger auch in einem immer stärker durch Maschinen gesteuerten Staat ruhiger schlafen lassen. Natürlich würde unsere Seelenruhe wesentlich auf dem Vertrauen beruhen, dass die menschlichen Kontrollinstanzen auch tatsächlich der suggestiven Kraft immer intelligenterer und schwerer zu durchschauender Maschinen nicht verfallen.

Vom Ende des Gesetzes

Kritisch blicke ich vor dem Hintergrund fortwährender Fehlerrisiken und der daher einzuräumenden Möglichkeit menschlicher Revision auf ein Szenario, dass Anthony Casey und Anthony Niblett unter dem Titel „The Death of Rules and Standards“ skizzieren.[154] Aus ihrer Sicht können Maschinen, genauer künstlich-intelligente Systeme, in der weiteren Zukunft Gesellschaften durch Mikroanweisungen steuern. Anders als bisherige grob ausgestaltete Gesetze oder auf Präzedenzfällen aufbauendes Fallrecht wären Mikroanweisungen genau auf konkrete regelungsbedürftige Situationen, also auf Individualfälle zugeschnitten. Gesetzgeber würden nur noch allgemeine Regelungsziele vorgeben, die von Maschinen im weiteren Verlauf in einfache Verhaltensanweisungen für alle denkbaren Konstellationen übersetzt werden.[155] Klassischer Gesetze bedürfte es in den betroffenen Bereichen nicht mehr, genauso wenig Behörden und nur teils Gerichte, die deren Umsetzung gewährleisten.

Fliegt der Mensch der Zukunft etwa mit seinem Silbergleiter durch die Flugkorridore und entladen sich heftige Gewitter auf seinem Weg, könnte eine Künstliche Intelligenz die konkrete, in dieser Situation zulässige Geschwindigkeit bestimmen und die Turbine auf halbe Kraft drosseln. Fliegt der Freizeitpilot (oder die Pilotin) dennoch nicht angemessen, wird unmittelbar ein virtueller Strafzettel auf das Display des Gleiters geschickt. Beamte und Richter hätten dem nur noch wenig entgegenzusetzen. Schließlich waren sie weder mit Augen noch Ohren präsent. Künstliche Intelligenz mit den mit ihr verknüpften Sensoren dagegen schon. Zudem agierte sie im direkten gesetzgeberischen Auftrag. Unbezahlt könnte der Strafzettel dann zum Vollzug führen, etwa zur automatischen Einziehung des Ordnungsgeldes vom Bankkonto des Missetäters.

Technologisch betrachtet ist die Entwicklung von derartig weitergedachten künstlich-intelligenten Systemen der Mikrosteuerung sicherlich denkbar, was aber nicht bedeutet, dass Gesetzgeber diesen Weg beschreiten sollten. In vielen Staaten ständen einem solchen System kaum überwindbare verfassungsrechtliche und ethische Bedenken entgegen und im Übrigen auch das zuvor formulierte Primat der menschlichen Kontrolle und Revision, sofern keine effektiven menschlichen Kontroll- und Revisionsinstanzen einbezogen werden oder einbeziehbar sind. Schließlich würde der Bürger unbesehen fortbestehender Fehlerrisiken zum Objekt rein maschineller Entscheidung wie auch eines rein maschinellen Vollzugs. Es wären Maschinen, die faktisch die Kontrolle über uns übernehmen. Dieser Umstand wäre kaum mit unserem Verständnis von Menschenwürde, Demokratie, Gewaltenteilung und Rechtsstaat zu vereinbaren.

Das Blackbox-Problem

Zuvor ging es um die Möglichkeit einer Anhäufung und eines Missbrauchs höchstpersönlicher Daten sowie das Fortbestehen von Fehlerrisiken, denen durch effektive KI- und Datenschutzregeln sowie gerade im staatlichen Bereich durch ein Primat der menschlichen Kontrolle und Revision entgegenzuwirken ist. Gefahren beim Einsatz neuer digitaler Steuerungstechnologien drohen jedoch auch durch weitere Aspekte, insbesondere durch eine weitergehende Verdunklung der Machtausübung.

Trotz aller zu begrüßenden Bemühungen um mehr Transparenz bleiben parlamentarische Kammern, Verwaltungs- und Justizapparate von Natur aus Orte geringer Transparenz – zumindest aus Sicht des Bürgers. Ist es für uns als Außenstehende schon schwierig, hinter die Fassaden der Machtausübung aus Beton zu schauen, so verstärkt sich dieses Problem, wenn solche aus Prozessoren, Datenspeichern und Glasfaser hinzutreten. Die Intransparenz der in ihnen zusammenfließenden Daten und ablaufenden Algorithmen könnte noch größere Fragezeichen bei Öffentlichkeit und Fachwelt[156] hinterlassen und staatliche Institutionen zu analog-digitalen Blackboxes verdunkeln. Undurchsichtige Machtapparate sind noch schwerer zu kontrollieren und damit auch missbrauchs- und manipulationsanfälliger.[157] Sie stellen sich als weniger vertrauenswürdig dar und ihre Entscheidungen fühlen sich weniger legitim an, was letztlich eine effektive Gesellschaftssteuerung konterkariert.

Probates Mittel gegen die Gefahr der Entstehung neuer institutioneller Dunkelkammern scheint Transparenz zu sein – eine Offenlegung von Datensätzen und Rechenmodellen. Sofern keine vorrangigen staatlichen Sicherheitsbedenken dagegensprechen, müssen die verantwortlichen Institutionen diese Transparenz herstellen. Problematisch ist dabei, dass Bürger und Medien für die Deutung von Datenbanken und Algorithmusketten vertrauenswürdiger Fachexperten bedürfen, die deren Funktionsweise allgemein verständlich erklären. In Zukunft könnten aber auch diese Schwierigkeiten haben, die genauen Abläufe innerhalb immer smarter werdender künstlich-intelligenter Systeme nachzuvollziehen. Das gilt zumindest, sofern es nicht gelingt, Formen der Explainable AI, also Formen von KI, deren Output nachvollziehbar und deren Funktionsweise transparent ist, zu etablieren.[158]

Gegebenenfalls könnten von Menschen durchgeführte Plausibilitätsprüfungen und Kontrollverfahren, die und deren Ergebnisse transparent gemacht werden, über dieses Problem hinweghelfen. So wie der menschliche Verstand – etwa der von Fachexperten – oftmals undurchsichtig erscheint, könnte auch eine teilweise Intransparenz maschineller Intelligenz akzeptiert werden, soweit sich ihr Output durch andere von Menschen hinzugezogene Erkenntnisquellen und durchgeführte Verfahren überprüfen beziehungsweise bestätigen lässt.

TEIL 4

Die Stabilität des Staates im Zeitalter der Digitalisierung: Rückblick und Neubewertung

4.1

Die Zehnerjahre: Grüße aus der Zukunft

Bereits die Zehnerjahre des 21. Jahrhunderts boten erste Ausblicke in eine Zukunft voller Hightech, Roboter und Künstlicher Intelligenz. Auf Fernsehkanälen und Videoportalen war ein permanenter Strom schillernder Beiträge über das, was da auf den Menschen und den Planeten zukommt, zu sehen. Sie kündigten Revolutionen auf allen Gebieten an: in der Kommunikation, im Alltag, beim Arbeiten und Wirtschaften, im Transport, in der Medizin, beim Altern, in der Freizeit und beim Reisen. Es war Science-Fiction, die unüberhörbar an die Tore der realen Welt pochte.

Damals wurde uns auch erstmals bewusst, mit welcher Kraft neue Technologien in Kombination mit weiteren Faktoren die Säulen und Fundamente politischer Systeme zum Wanken und Bröckeln bringen können. Sofort kommen die Bilder der damaligen machtvollen Massenbewegungen in Erinnerung: Bilder des Arabischen Frühlings, von Occupy Wall Street, der Gezi-Park-Proteste, von Fridays for Future, der Protestmärsche von Hongkong. So einige dieser Bewegungen trafen die betroffenen politischen Systeme bis ins Mark und lehrten Despoten und Parteiapparate das Fürchten. Ihre Ursachen mochten tief in den politischen, sozialen und wirtschaftlichen Verwerfungen der betroffenen Gesellschaften gelegen haben. Ihr Ausmaß und ihre Energie ließen sich dennoch kaum ohne die damals neuen technologischen Kommunikationsmöglichkeiten erklären. Vor allem Facebook, Twitter, WhatsApp und YouTube waren es, die als Katalysatoren fungierten. Ihre Technologien erlaubten es, kritische Massen von Menschen zu verknüpfen, zu emotionalisieren, zu organisieren und zu orchestrieren. Doch diese Dienste entpuppten sich nicht nur als Medien der Liberalisierung, sondern ebenso als bereitwillige Türöffner zu menschlichen Abgründen.

Fake News, Shitstorms, Hatespeech, Filterblasen, Social Bots, Internettrolle und Cyborgs – es bildete sich eine ganze Reihe von Mitteln der Manipulation, Aufstachelung und Spaltung heraus. Sie lehrten demokratische Kräfte das Fürchten. Es kann vermutet werden, dass ohne diese Dienste weder der 45. Präsident der Vereinigten Staaten Donald Trump geheißen noch eine Mehrheit der Wähler des Vereinigten Königreichs für den Austritt aus der Europäischen Union gestimmt hätte.

Vor diesem Hintergrund stellt sich eine der wichtigsten Fragen unserer Zeit: die Frage, welchen Einfluss neue Technologien auf Steuerungsapparate und deren Fundamente haben. Über diese Thematik wurde bereits viel geschrieben; es gilt jedoch, sie vor dem Hintergrund aktueller technologischer Entwicklungen neu zu betrachten.

Blicken wir in Kapitel 4.2 aber exemplarisch kurz auf den Arabischen Frühling zurück, um ein erstes Gefühl für diese Frage zu bekommen und dem Potenzial neuer Informations- und Kommunikationsmittel nachzuforschen, althergebrachte Herrschaftsformen zu demokratisieren. Das Hauptaugenmerk soll im Anschluss jedoch den liberalen Demokratien gelten, ihren Steuerungsapparaten und Fundamenten sowie den Schäden, die neue Technologien daran anrichten können. Es handelt sich um die Strukturen und Fundamente, die unserem Leben Wohlstand und Halt geben. Lassen Sie uns jedoch nicht nur bei den Risiken für diese Elemente verharren, sondern auch die Chancen betrachten, die das neue digitale Zeitalter bietet, um sie zu stärken.

4.2

Ein sich lohnender Rückblick: Der Arabische Frühling und der demokratische Horizont

Der Beginn unseres Jahrtausends war geprägt von einer knisternden technologischen Euphorie, die ausgehend von den US-amerikanischen Innovations-Hotspots große Teile des Erdballs erfasste. Die fortschreitende Anbindung ans Internet und die populär gewordenen sozialen Netzwerke schienen für immer mehr Menschen Dimensionen neuer Freiheit aufzustoßen: Redefreiheit im Cyberspace, ungehinderter Zugang zu und Austausch von Informationen sowie die Möglichkeit, sich mit Abermillionen anderer Individuen zu verknüpfen. Die Pionierphase des Web 2.0 erlaubte zu glauben, dass neue Technologien freiheitlichen Konzepten und der demokratischen Idee Flügel verleihen würden – und zwar weltweit. Vor allem den sozialen Netzwerken und Mikroblogging-Diensten, namentlich Facebook und Twitter, wohnten vermeintlich messianische Kräfte inne. Die neuen Technologien und Medien lockten mit der Verheißung, autokratisch regierte Völker von ihrem Joch zu befreien und auf den Weg zu robusten Demokratien zu führen. Sie schienen Bevölkerungen in die Lage zu versetzen, die herkömmlichen Strukturen und Prozesse der Machtausübung und der Gesellschaftssteuerung demokratisieren zu können.

Zumindest war das der Eindruck, der im Kontext der Proteste und Aufstände aufkam, die seit 2010 in der arabischen Welt entbrannten. Länderübergreifend wuchs damals am südlichen und östlichen Mittelmeer eine junge Generation heran, die sich von den vorherrschenden politischen und wirtschaftlichen Systemen ausgegrenzt sah und in eine Zukunft voller Repressalien, steigender Ungleichheit und unsicherer Erwerbstätigkeit blickte. Das Internet erlaubte diesen jungen Menschen, über die Grenzen ihrer Heimat hinwegzuschauen und hungrig auf Veränderung zu werden. Facebook, Twitter und YouTube boten Plattformen, auf denen sie ihre Beobachtungen und Feststellungen teilen, sich vernetzen sowie kritische Massen ansprechen und organisieren konnten. Die neuen Medien stellten Mundpropaganda, Flugblätter und Handzettel – also die althergebrachten Organisationsmittel – in den Schatten: Es schien noch nie so einfach zu sein, kritische Massen vernetzen und mit Augenzeugenberichten, Videos und Bildern emotionalisieren zu können.

Darüber, welchen Stellenwert die sozialen Medien für den Arabischen Frühling einnahmen, wurde viel diskutiert. Letztlich schrieben ihnen mehrere Studien eine Schlüsselrolle zu,[159] auch wenn die Protestwelle ebenso durch Fernsehsender[160] und ältere, weniger vernetzte Bevölkerungsschichten vorangetragen wurde. Wie energisch die Proteste am Ende auch waren und wie stark sich neue Technologien auch auswirkten – zu einer Demokratisierung der arabischen Welt, das heißt zu einer an Demokratie orientierten Veränderung der Zentralstrukturen und Basisprozesse der Gesellschaftssteuerung, führten sie nicht. Tunesien blieb der einzige, wenngleich unvollkommene demokratische Leuchtturm, während Libyen und Syrien im Bürgerkrieg versanken, sich in Ägypten ein Ex-Militär in den Diktatorensattel schwang und in anderen Ländern allenfalls an kleineren Stellschrauben gedreht wurde.

Suchen wir nach den Gründen, warum der Arabische Frühling die althergebrachten Kernstrukturen und -prozesse nicht demokratisch überformte, finden wir ein Geflecht an Ursachen. Offenkundig ist, dass die Ausgangsbedingungen für die Proteste von Land zu Land unterschiedlich waren. Den Kern aller bildete zweifelsohne Unzufriedenheit. Dabei waren aber weder deren Quellen noch deren Grad identisch. Zwischen Mittelmeer und Persischem Golf divergierte damals wie heute das Ausmaß an Arbeitslosigkeit, Armut und Not erheblich. Unterschiedlich fielen auch die Reaktionen der Obrigkeiten aus, die etwa durch Regierungsumbildungen und verschiedene Reformen den Protesten Druck nahmen und damit elementareren Änderungen vorbeugten. Hinzu kam, dass die Bewegungen nicht auf eine wahre Demokratisierung abzielten. Es verwundert daher nicht, dass sich der demokratische Teppich nur ein kleines Stück über die arabische Welt ausrollte.

Um die althergebrachten Strukturen zu durchbrechen, hätte es einer konsequenteren demokratischen Ausrichtung und mehr Stehvermögen und Kraft der Bewegungen bedurft. Die neuen Technologien bildeten ganz offensichtlich einen kritischen Katalysator, ihnen wohnte aber nicht die Kraft inne, vorzeigbare Demokratien zu formen. Sie blieben das, was sie waren, äußerst effiziente Informations- und Kommunikationsmittel.

Dieses Resümee bedeutet sicherlich nicht, dass soziale Medien nicht das kritische Momentum zur Überformung traditioneller politischer Strukturen liefern können. Stimmen die Ausgangsbedingungen und Ziele und genügen die vorhandenen Kräfte, sollten hocheffiziente Informations- und Kommunikationsmittel durchaus kritische Bewegungen entstehen lassen können. Diese Vermutung drang weltweit auch zu den Autokraten durch. Im weiteren Verlauf der Geschichte transformierten sie den vermeintlichen Hort der neuen Freiheit in eine Welt der Restriktionen und digitalen Kontrolle.

4.3

Die liberalen Demokratien

Aber nicht nur die Welt der Autokraten, auch die liberalen Demokratien sind alles andere als gefeit vor digital katalysierten Transformationen. Der Erfolg der Onlinekampagnen für den Austritt Großbritanniens aus der Europäischen Union machte das Potenzial der neuen kommunikativen Medien für tiefgehende historische Strukturveränderungen auch für die westliche Hemisphäre deutlich – wenngleich es hier nicht um die Änderung eines nationalen politischen Systems ging, sondern um ein teilweises Aufbrechen des europäischen Macht- und Wirtschaftsblockes.

Konzentrieren wir uns hier auf Erstere, auf liberal-demokratische politische Systeme und das Potenzial neuer Technologien, deren Steuerungsapparate zu erodieren, zu ändern, aber sie auch zu stärken. Es handelt sich um ein Schlüsselthema unserer Zeit, mit dem wir uns aufgrund des weitergehenden technologischen Fortschritts immer wieder intensiv auseinandersetzen müssen. Klären wir dabei zunächst, was die liberal-demokratischen Systeme ausmacht. Risiken und Chancen lassen sich gezielter ermessen, wenn Klarheit über ihre Facetten besteht.

Die liberalen Demokratien etwa Frankreichs, Deutschlands oder der USA weisen bekanntermaßen erhebliche Unterschiede auf. Gleichwohl eint sie ein Set typischer Merkmale, die die jeweils etablierten Herrschaftsstrukturen, Machtausübungsverfahren und zentralen Leitsätze betreffen.[161] Änderungen dieser Merkmale, die etwa digital forciert werden, können nicht nur zu Effektivitäts- und Effizienzverlusten bei der Gesellschaftssteuerung führen, sondern auch zur Transformation etwa in ein hybrides Regime oder eine Autokratie. Die schleichende Wandelbarkeit von Systemen können wir an den Beispielen Ungarn und Polen verfolgen.[162]

Versucht man, die typischen Merkmale zusammenzufassen, so muss der Fokus zuallererst auf das Rückgrat liberaler Herrschaftsapparate gerichtet werden: das Demokratieprinzip. Dieses Kernelement verbürgt, dass die Macht im Staat zumindest mittelbar vom Volke ausgeht und sich die Herrschaftsgewalt von diesem ableitet. Es umfasst insbesondere die Durchführung freier Wahlen. Essenzielles Strukturelement liberaler Demokratien ist ebenso das Rechtsstaatsprinzip in Ausprägung des Gewaltenteilungsgrundsatzes. Eine wahre Aufteilung der staatlichen Macht auf drei, wenngleich miteinander verschränkte Blöcke aus Gesetzgeber, Regierung und Gerichten ist wesentliches Unterscheidungskriterium zu den Autokratien der Alleinherrscher und Parteiapparate.

Neben Demokratieprinzip und Gewaltenteilungsgrundsatz gibt es einen effektiven Kanon von Abwehrrechten gegen staatliche Machtausübung in Form von Freiheits- und Gleichheitsrechten. Sie bilden einen soliden Schutzschild gegen einen übermächtigen Staat, schützen die Privatsphäre wie auch die individuelle Entfaltung und garantieren die Kontrolle staatlicher Institutionen durch unabhängige Medien. Sie stellen klare Abgrenzungskriterien zu illiberalen Systemen dar, in denen persönliche Individualität der Angst vor staatlichem Kontrollverlust weichen muss.

Levitsky und Ziblatt haben in ihrem modernen Klassiker „Wie Demokratien sterben" noch weitere Kernaspekte liberaler Demokratien herausgearbeitet. Während die vorgenannten Merkmale regelmäßig in Verfassungen verbrieft werden, handelt es sich bei diesen Aspekten um konkludente, also schlüssige Generationen überdauernde Vereinbarungen des politischen Establishments: Prinzipien der gegenseitigen Achtung des politischen Gegners und der Zurückhaltung bei der Ausübung institutioneller Macht.[163] Bei Missachtung dieser Grundsätze – was in der jüngeren Vergangenheit der USA zu beobachten ist[164] – drohen nicht nur Steuerungsdefizite, sondern auch Risse in den demokratischen Grundfesten.

All diese Merkmale, die die vorzufindenden demokratischen Steuerungssysteme beschreiben, genügen jedoch noch nicht, um ihr Funktionieren zu erklären. Zusätzlich bedarf es stabiler sozialer und bildungsbezogener Fundamente und, wenn man so will, genügend ökonomischen Treibstoffs. Zentral sind dabei der soziale Zusammenhalt, eine robuste systemtragende Schicht – eine Mittelschicht –, ein hinreichendes Bildungsniveau und die wirtschaftliche Kraft des Staates, seine Aufgaben erledigen und ausreichend Wohlstand generieren zu können. Gehen diese Elemente verloren, ist die Transformation des Systems kaum aufzuhalten.

4.4

Risse, Erosion und Transformation: Düstere Visionen

Ich erwähnte eingangs, dass ich als Kind des Ostblocks aufwuchs und im Herbst 1989 den Fall der Mauer mit eigenen Augen miterlebte. Seit dem damaligen Schicksalsherbst sind einige Jahrzehnte vergangen – Jahrzehnte der demokratischen Aufbrüche, des friedlichen Miteinanders, der wirtschaftlichen Aufholjagden und des billigen Konsums. Es handelte sich aber auch um Jahre der Finanzkrisen, des wirtschaftlichen Niedergangs, der Arbeitslosigkeit, der terroristischen Bedrohungen und der Flüchtlingsströme. Der Fall des Eisernen Vorhangs hat uns Menschen näher zusammenrücken lassen und die Welt zumindest in Mitteleuropa für viele zu einer besseren gemacht.

Parallel führte der Wegfall alter Systemblöcke zu einer Verschiebung der internationalen Machtbalancen und einer nahezu barrierefreien Globalisierung mit all ihren Konsequenzen. Neue Reibungsflächen, Kräfte und globale wie nationale Problemlagen wurden freigesetzt. In China und Russland konnten sich aus dem Gestrüpp der Entwicklungen neuartige autoritäre Systeme herausbilden, die begannen, um ihren Platz auf der Weltbühne zu kämpfen, und zwar selbst mit militärischen Mitteln, was Russland anbelangt. In Kerneuropa und den USA entfalteten sich über die Zeit demokratiefeindliche Kräfte, welche die anwachsenden Ängste und Enttäuschungen von Bevölkerungen oder Bevölkerungsgruppen neben bereits existenten Spannungen geschickt kanalisierten und anheizten, um sie sodann für ihre eigene Agenda nutzbar machen zu können.

Die Revolutionen auf dem Gebiet der Technologie, die sich in die geschichtlichen Entwicklungen einreihten, waren an diesen Prozessen nicht unbeteiligt. Mehr noch, im letzten Jahrzehnt entstand der Eindruck, dass neue Technologien Triebkräfte so mancher politischer Entwicklung waren und der Geschichte halfen, unvorhersehbare Richtungen einzuschlagen. Soziale Medien avancierten zu Plattformen, von denen aus politische Entwicklungen in Gang gesetzt, angeheizt oder manipuliert wurden. Die neuen Technologien machten sich an den Strukturen der modernen Demokratie zu schaffen. Es kam der Verdacht auf, dass der entschieden geglaubte Kampf zwischen Demokratie und Autokratie wieder aufflammen könnte. Bei den Buchhändlern häuften sich Bände mit düster klingenden Titeln: das bereits erwähnte „How Democracies Die" von Steven Levitsky und Daniel Ziblatt, „How Democracy Ends" von David Runciman, „The People vs Tech – How the internet is killing democracy (and how we save it)" von Jamie Bartlett. Der Bestsellerautor Yuval Harari resümierte, dass Menschen selbst in Kernländern der liberalen Demokratie ihr Vertrauen in die demokratische Vision verlören. Es „verbreitet sich der Glaube, dass das System nicht mehr funktioniert. Dabei funktioniert das System besser als zuvor jedes andere in der Geschichte."[165] Das entspricht auch meinem Blick. Was ist daher dran an den Visionen bröckelnder liberaler Demokratien? Welches Bild ergibt sich aus der Perspektive heutiger Tage – Tage, an denen wir mit dem Aufkommen generativer KI technologisch viel weiter fortgeschritten sind als zum Zeitpunkt der damaligen Betrachtung Ende der 2010er-Jahre?

4.5

Update: Das Rückgrat liberaler Demokratien

Betrachten wir zunächst das Rückgrat liberaler Demokratien – das in der Praxis gelebte Demokratieprinzip – genauer. Die tatsächlichen und potenziellen Wirkungen technologischen Fortschritts auf dieses sind mehrdimensional. Was die Risikoszenarien im Wirkungsspektrum anbelangt, beschränke ich mich nachfolgend auf die beiden augenfälligsten Entwicklungsmöglichkeiten: den Verlust unseres Glaubens an die demokratische Grundordnung und die Verformung des Volkswillens etwa zum Anlass von Wahlen. Beide Szenarien können zum Aushöhlen des Demokratieprinzips und im Extremfall zu einer Systemtransformation führen. Auf Szenarien, die sich in das Chancenspektrum einordnen lassen und potenziell dazu beitragen, die heute oft erschöpft wirkenden Demokratien zu revitalisieren, gehe ich dann im nächsten Kapitel ein.

Der Glaube an die demokratische Grundordnung und die Transformation in autoritäre Regierungsformen

Auch wenn es nicht offen zutage tritt, bauen liberale Demokratien darauf, dass das Volk an die demokratische Grundordnung glaubt und von deren Vorteilen gegenüber anderen Gesellschaftsformen überzeugt ist. Sollte der Glaube an die Demokratie verloren gehen, kommt ein politisches System aber noch nicht unmittelbar ins Straucheln. Gleichwohl ist davon auszugehen, dass dessen Widerstandskraft gegen Systemgegner, Populisten oder Demagogen sinkt, die bei Machterhalt demokratische Grundfesten abbauen.[166] In sogenannten „wehrhaften Demokratien", zu denen Deutschland zählt, ist jedoch selbst dies nicht so einfach möglich. Schließlich ist das Demokratieprinzip so lange nicht aufhebbar, wie das Grundgesetz gilt.[167] Die heimlichen Systemfeinde würden eher faktisch an demokratischen Prinzipien feilen und diese im Sinne einer weniger volksnahen Regierungsform juristisch umdeuten. Abgesehen davon kann sich der Verlust des Glaubens an die Demokratie nachhaltig negativ auf die Regeltreue der Bürger und damit negativ auf die Effektivität und Effizienz staatlicher Steuerungsmaßnahmen auswirken.

Wie ist es jedoch um diesen Glauben und seine Zukunft in einer noch stärker durch Technologie determinierten Welt bestellt? Von Schweden bis Japan: Die Antwort auf diese Frage variiert beachtlich.[168] Was Deutschland anbelangt, belegen mehrere Studien, dass ein großer Teil der Bevölkerung unzufrieden mit der Demokratie ist.[169] Nach einer Umfrage der Körber-Stiftung hatte im Jahr 2023 mehr als jeder Zweite weniger großes oder nur geringes Vertrauen in die Demokratie.[170] Gleichzeitig belegt die Studie aber, dass um die 95 Prozent der Befragten typische demokratische Prinzipien, wie freie und geheime Wahlen und die Kontrolle der Regierung durch das Parlament als Volksvertretung und Gerichte, für wichtig halten. Sind die Deutschen also schizophren? Nein. Die Zahlen scheinen vielmehr zu zeigen, dass ihr Wille zur Demokratie ungebrochen ist und die Krisenstimmung sich vor allem auf das politische Establishment und das politische Alltagsgeschäft in Zeiten bezieht,[171] in denen der Bürger immer wieder vermittelt bekommt, dass sich die Gesellschaft von einer Krise in die nächste bewegt.

Dieses Fazit findet seine Bestätigung in einer umfassenden Studie der gemeinnützigen Organisation More In Common aus dem Jahr 2021, die nicht nur Deutschland, sondern auch Frankreich, Großbritannien, Polen und die USA in den Fokus nimmt.[172] Die Ergebnisse bezeugen für diese Länder, dass die Mehrheit der Bürger nach wie vor zur Demokratie als grundlegendem gesellschaftlichen Modell und ihren Werten steht. Selbst die enormen wirtschaftlichen und gesellschaftlichen Verwerfungen der letzten Jahrzehnte und die vielfältigen Auswirkungen neuer Technologien – insbesondere die nachgewiesenen katalysierenden Effekte von Kampagnen auf Social-Media-Plattformen – haben den Glauben an die Demokratie nicht nachhaltig erschüttert. Das Interesse der Bevölkerung an alternativen Regierungsformen bleibt gering. More In Common bestätigt aber ebenfalls die erheblichen Unzufriedenheiten mit den etablierten politischen Eliten und ihren Leistungen sowie die toxische politische Polarisierung in den USA.[173] Die Gefahr einer Stärkung populistischer Kräfte sowie eines weiteren Abdriftens nach rechts und einer folgenden Erosion und Umdeutung demokratischer Grundfesten, die eine autoritäre Färbung von Systemen erlaubt, ist damit derzeit in Teilen der westlichen Welt real.

Wie werden sich nun die aktuellen und absehbaren technologischen Entwicklungen, genauer das Aufkommen immer leistungsfähigerer Künstlicher Intelligenz, auf unser Verhältnis zur Demokratie in Zukunft auswirken? Wie auch andere innovative Technologien wird KI vorerst ein von Menschen eingesetztes Instrument und ein potenzieller Katalysator für Entwicklungen bleiben. Erinnern wir uns an den Arabischen Frühling. Die Zeiten, in denen eine Maschine sich ihrer selbst bewusst wird und aus eigenem Antrieb gesellschaftliche Entwicklungen in Gang bringt, sind theoretisch nicht auszuschließen, aber auch noch nicht absehbar.

Unter der Kontrolle von Regierungen, Ministerien und Parlamenten werden dabei neue KI-basierte Steuerungsinstrumente, wie zuvor skizziert, zu mehr Effektivität und Effizienz bei der Identifizierung und

Bewältigung gesellschaftlicher Probleme beitragen können. Sie eröffnen nicht nur Möglichkeiten für eine Politik, die bürgernäher ist, sondern auch leistungsfähiger, wodurch einige der derzeitigen Vorwürfe gegenüber dem politischen Establishment adressiert werden könnten. Smarte Maschinen werden jedoch unsere Gesellschaften nicht vor dem Aufkommen neuer Herausforderungen schützen können. Zu komplex und variabel ist unsere Welt, sowohl im Kleinen als auch im Großen. Noch weniger werden sie stets zufriedenstellende Lösungen für alle Teile der Bevölkerung und Wirtschaft berechnen können. Offene politische Debatten um Lösungsalternativen werden demokratische Gesellschaften weiterhin begleiten und ein Zeichen ihrer Stärke sein. Damit warten auch in der Zukunft Spannungen zwischen Regierung und Regierten, die gegebenenfalls wiederum das Terrain für Populisten mit stärker zentralisierten Führungsambitionen bereiten könnten. Wie in der Vergangenheit sollten jedoch diese Spannungen nicht zwangsläufig zu einem Verfall des Glaubens an die Demokratie als Regierungsform führen.

Dies gilt besonders vor dem Hintergrund, dass wesentlich autoritärere Staatsformen und ihre weitere Entwicklung im Zeitalter der Künstlichen Intelligenz im Blickfeld liberal erzogener Bürger bleiben und diese kaum überzeugen werden. Das Reich der Mitte zeigt bereits jetzt die mögliche Evolutionsrichtung illiberaler Staaten auf. Peking arbeitet bekanntermaßen seit Jahren nicht nur an flächendeckenden Überwachungssystemen, sondern auch an Sozialkreditsystemen, deren breiter Einsatz bevorzustehen scheint.[174] Die elektronischen Erziehungsmaschinen bauen dabei auf neuartige Sanktionsformen wie den digitalen Pranger, aber auch auf altbekannte Strafmaßnahmen wie die Einschränkungen von Freizügigkeit und persönlicher Entfaltung sowie die Sippenhaft.

Immer bedenklicher für unseren Glauben an das demokratische Gesellschaftssystem könnte gleichwohl der Einfluss von Künstlicher Intelligenz, insbesondere Deepfake-Techniken, auf die menschliche Kommunikation und unsere Wahrnehmung der Realität sein. Dies gilt zumindest, wenn Gesellschaften keine adäquaten Antworten in Form von gesetzlichen Regelungen und technischen Gegenmaßnahmen finden, worauf ich weiter unten zurückkomme. Bereits in den vergangenen Jahren konnten wir beobachten, wie mühelos Fehlinformationen auf Social-Media-Plattformen in Massen verbreitet oder gezielt auf individuelle Gruppen ausgerichtet wurden. Der Einsatz von KI zur Erstellung täuschend echter Texte, Bilder und Videos wird es dabei in Zukunft noch schwieriger machen, wahrheitsmanipulierende von authentischen Beiträgen zu unterscheiden. Untersuchungen zeigen, dass Internetnutzer oft bereits jetzt Inhalte, die von Menschen erstellt wurden, nicht von denen unterscheiden können, die von KI generiert wurden[175] – ein Problem, das sich in Zukunft noch verschärfen wird.

In einer Welt, in der Bürger auch in Sachen Politik nicht mehr zwischen Wahrheit und Schein unterscheiden können und desorientiert zurückgelassen werden, werden sich Ängste und Frustration zwangsläufig auch auf das gelebte Gesellschaftsmodell beziehen und die Transformation zu Systemformen erleichtern, die mehr Halt und Orientierung versprechen – eventuell sogar Formen mit einem autoritären Einschlag.[176]

Die Verformung des Volkswillens

Das Grundprinzip der Demokratie legt fest, dass die Macht im Staat vom Volk ausgeht und von ihm abgeleitet wird. Diese Ableitung des staatlichen Machtmonopols setzt voraus, dass Volksvertreter uns als Bürger angemessen repräsentieren und unser Wille in Wahlen und Referenden verlässlich zum Ausdruck kommt. In robusten Demokratien findet eine wirksame Interaktion zwischen dem Volk und seinen Vertretern aber nicht nur während der Wahlen, sondern auch zwischen den Wahltagen statt. Gängige Instrumente hierfür sind Petitionen, die konsultative Einbindung von Bürgern und Interessenvertretern in den Gesetzgebungsprozess sowie Meinungsumfragen. Diese Mechanismen reduzieren die gefühlte Kluft zwischen den beiden Gruppen und können zu einer gesteigerten Zufriedenheit mit den politischen Eliten führen, wodurch das politische System gestärkt wird.

In den vergangenen Jahren haben wir bereits ein Gefühl dafür bekommen, wie der Einsatz neuer Technologien zur Beeinflussung und Verzerrung des Volkswillens führen kann und damit imstande ist, das Demokratieprinzip auszuhöhlen. Spätestens mit dem Einzug von Donald Trump ins Weiße Haus im Jahr 2017 wurde der Welt vor Augen geführt, welch deformierende Wirkung insbesondere Medien der Onlinekommunikation entfalten können.[177] Es waren der schwerreiche Robert Mercer,[178] die neurechten Vorkämpfer Andrew Breitbart und Stephen Bannon,[179] die russische Internet Research Agency,[180] Allianzen von Meme-Kriegern und andere Onlineaktivisten,[181] die mit ihren Kampagnen in den Monaten und Jahren vor der Wahl versuchten, die amerikanische Wählerschaft so zu beeinflussen, dass ausreichend Stimmen für einen nachweislichen Populisten zusammenkommen. Wenngleich die eigentliche Triebkraft für die Durchsetzung Trumps im schwelenden Rassenkonflikt und den damit korrelierenden Verlustängsten in Teilen der weißen Bevölkerung zu sehen war,[182] schien der Einsatz von Onlinemedien den Ausschlag zu geben.

Lassen Sie uns jedoch in diesem Zusammenhang nicht weiter in der bereits ausgiebig diskutierten Vergangenheit verweilen, sondern stattdessen einen Blick voraus werfen. Schließlich haben sich die technologischen Vorzeichen in der Zwischenzeit weiter verändert. Bei genauerer Betrachtung birgt die Zukunft gleich eine dreifache Gefahr in sich, den Willen des Volkes und dessen Repräsentation durch Volksvertreter zu verformen oder zu verfälschen: durch den Einsatz Künstlicher Intelligenz in der Kommunikation mit dem Wähler, durch die Einbindung von Künstlicher Intelligenz in Wahlempfehlungssysteme sowie durch die Nutzung von elektronischen Wahl- und Abstimmungssystemen.

In Bezug auf die elektronischen Wahlsysteme – denken wir an Wahlautomaten – sind die damit verbundenen Gefahren offensichtlich und bedürfen keiner genaueren Erläuterung. Hierbei handelt es sich um Risiken von Fehlern, Fehlbedienungen und Manipulationen, sei es in der Programmierung oder bei der Übertragung der Stimmen. Sollten sich derartige Risiken manifestieren, hätte dies zwangsläufig eine Verfälschung des Volkswillens zur Folge. Vor diesem Hintergrund tun sich die Staaten noch immer schwer mit der Einführung dieser Systeme. Das bedeutet jedoch nicht, dass kommende Generationen nicht in der Lage sein werden, die Risiken auszuräumen und solche Technologien erfolgreich zu implementieren.

Beschäftigen wir uns an dieser Stelle genauer mit den anderen beiden skizzierten Gefahren: die Gefahren, die vom Einsatz von KI in der Wählerkommunikation und diejenigen, die von künstlich-intelligenten Wahlempfehlungssystemen ausgehen.

Künstliche Intelligenz in der Kommunikation mit dem Wähler

Die Risiken, die mit dem Einsatz Künstlicher Intelligenz zu Kommunikationszwecken einhergehen, sind weder neu noch unbekannt. Schon vor Jahren ging das von Europol und der *New York Times* ausgehende und auf einem Fehlzitat beruhende Gerücht um, dass schon bald bis zu 90 Prozent der online verfügbaren Inhalte synthetisch von KI erstellt werden könnten.[183] Trotz dieser falsch zitierten Schätzung lag die offenkundige Bedrohung schon damals darin, dass Künstliche Intelligenz durch die Fülle und die scheinbare Qualität der von ihr erzeugten medialen Inhalte einen noch größeren Einfluss auf den Verlauf von Wahlen ausüben könnte. Theoretisch vorstellbar war dies durch die massenhafte Erzeugung und Verbreitung von schwer zu identifizierenden falschen Darstellungen von Realitäten, Volksvertretern und ihrer Politik, insbesondere unter dem Einsatz von Deepfake-Techniken. Zu denken war nicht nur an die Erschaffung täuschend authentischer Texte und Bilder, sondern auch an manipulative Videos, in denen Aussehen, Gestik und Stimme von Politikern imitiert werden, um sie mit skandalösen Aussagen in Verruf zu bringen. Gefahren lagen aber auch damals schon darin, dass Künstliche Intelligenz die Wahrnehmung von Volksvertretern bezüglich der Bevölkerung und ihrer Anliegen verzerren kann. Die Anwendung von KI ermöglicht es, angeblich verbreitete Meinungen, Ansichten und Problemlagen vorzutäuschen, um der Politik eine bestimmte Richtung zu geben.

Was hat sich aber nun seitdem verändert? Neu ist nicht nur der durchschlagende Erfolg von ChatGPT und DALL-E als Text- und Bildgeneratoren, sondern vor allem der daraufhin entbrannte energische Wettbewerb um die Weiterentwicklung generativer KI und ihrer Anwendungsapplikationen. Die oben genannte falsch dargestellte Schätzung bezüglich der zukünftigen Menge von KI-generierten Medieninhalten ist vor diesem Hintergrund durchaus ein Stück weit realistisch geworden, wenngleich ich mich damit nicht zu einer eigenen Schätzung hinreißen lassen mag. In jedem Fall können wir von der immer besseren realitätsimitierenden Qualität von KI-generierten Medieninhalten ausgehen.

Im Jahr 2022 schätzte die europäische Polizeibehörde Europol noch, dass die Erstellung von Deepfakes das Fachwissen erfahrener Entwickler erfordert.[184] Nunmehr können KI-basierte Deepfake-Technologien über Webseiten und Apps zunehmend aber auch einem breiteren Kundenkreis zugänglich gemacht werden. Es kristallisiert sich noch klarer heraus, dass künftig erheblich geringere menschliche und finanzielle Ressourcen erforderlich sind, verglichen mit der Periode vor den Präsidentschaftswahlen 2016, um Desinformationskampagnen von weitreichender Wirkung zu inszenieren. Selbst die Reaktionszeiten im Wahlkampf, die bisher oft bei Tagen liegen, lassen sich in Zukunft auf Stunden und Minuten verkürzen. Das erfordert nicht den Einsatz hoch bezahlter Berater, sondern die Integration Künstlicher Intelligenz. Sie vermag das Internet zu durchforsten, Strategien zu entwickeln und überzeugende Reaktionen in Form von leidenschaftlichen Ansprachen, diffamierenden Bildern oder dystopischen Videos in relativ kurzer Zeit zu generieren.[185]

Hinzu kommt, dass die neuen Technologien nunmehr auch Interaktionen mit dem Volk ermöglichen. Chatbots, die sich darum bemühen, durch maßgeschneiderte, emotionalisierende und realitätsverzerrende Kommunikation gezielt Einzelwähler und Meinungsmacher zu beeinflussen, sind inzwischen realistisch umsetzbar. Alles in allem werden sich die Gefahren einer kritischen Beeinflussung und Verfälschung des Volkswillens, aber auch dessen falsche Wahrnehmung durch Politiker angesichts der jüngsten Entwicklungen erheblich zuspitzen.

Künstlich-intelligente Wahlempfehlungssysteme

Was die zukünftige Formung des Volkswillens anbelangt, führt schließlich kein Weg an der Diskussion einer weiteren Zukunftstechnologie vorbei: an mit Künstlicher Intelligenz aufgepeppten Wahlempfehlungssystemen. Schließlich eroberten Anwendungen wie die US-amerikanische App „iSideWith“, das britische Onlinetool „VoteforPolicies“ oder der deutsche „Wahl-O-Mat“ bereits in der Vergangenheit die Gunst von breiten Wählerschichten und etablierten sich zu festen Größen der Wahlvorbereitung.[186]

Die bereits um die Jahrtausendwende aufgekommenen Entscheidungshilfen adressieren eine der ältesten Besorgnisse demokratisch organisierter Gesellschaften: die mangelnde Kompetenz und die daraus resultierende einfache Beeinflussbarkeit sowie Irrationalität des Wählers.[187] Plato und Cicero, die Vordenker der Griechen und Römer, versuchten, dieses Problem durch die Stärkung von Eliten und Experten zu adressieren. Wahlempfehlungssysteme hingegen versuchen, die Wissensbasis und Wahlkompetenz des Bürgers selbst zu stärken, indem sie ihm seine politischen und thematischen Präferenzen bewusst machen und ihm passende Parteien und Kandidaten zuordnen.

Studien belegen nun, dass die Entscheidungshilfen sowohl die Wahlbeteiligung als auch die Wahlentscheidung beeinflussen können.[188] Dieser Aspekt ist nicht unkritisch, denn – wie die Forschung weiter verdeutlicht – die Empfehlungssysteme gehen nicht in vollkommen objektiver Weise auf die Präferenzen der Wählerschaft ein. Sowohl die Auswahl der Themen und die Formulierung der gestellten Fragen als auch die Algorithmen zur Berechnung der Nähe zu politischen Parteien und Kandidaten können nur schwer zu identifizierende Spuren in der Wählerentscheidung hinterlassen.[189] All diese Erkenntnisse sind nicht taufrisch, gewinnen jedoch durch die denkbare Integration von Künstlicher Intelligenz in Empfehlungssysteme neue Bedeutung. Hintergrund sind nicht nur die weiteren Fehlerrisiken, die KI mit sich bringt, sondern vor allem die Gefahr ihrer suggestiven Wirkung, und das sowohl für die Erschaffer der Wahlempfehlungssysteme als auch für den Wähler. Schließlich vermittelt sie die Vorstellung, dass sie in der Lage ist, noch verlässlicher Ordnung in diffuse menschliche Präferenzen, Gefühle und Urteile zu bringen.

Trotz der Berechtigung von Wahlempfehlungssystemen zur Stärkung der Wählerkompetenz und trotz aller zukünftigen Versuche, diese Systeme mit KI zu optimieren, sollte uns vor diesem Hintergrund jedoch eines bewusst bleiben: Sich widersprechende Ziele und Präferenzen, unklare Interessen, Gedanken und Werturteile, wie sie Wählern durch den Kopf gehen, liegen in der menschlichen Natur. Auch die ausgefeiltesten Versuche, dieses Gemisch in Nullen und Einsen zu übersetzen und Ordnung in Ziele und Präferenzen zu bringen, pressen die menschliche Psyche und damit auch die menschliche Wahl in rationale Raster, die von den Entwicklern der Empfehlungssysteme und der KI, wenngleich auf wissenschaftlicher Basis und mit gutem Willen, definiert wurden. Was auch immer die Gelehrten der Antike über ihre Mitbürger sagten, gebildete Menschen – ja, ein gebildetes Volk, wie wir es heute sind – sollten sich daher nicht den eigenen Verstand absprechen und den eigenen Willen durch Künstliche Intelligenz ersetzen lassen. Wahlempfehlungssysteme sollten das bleiben, was sie von Beginn an waren: durchaus anzuratende Instrumente der politischen Bildung, aber nicht mehr.

Milderung und Abwehr von Bedrohungen

Politik und Industrie sind sich der Herausforderungen des digitalen Zeitalters fraglos bewusst und haben in verschiedenen Ländern Maßnahmen ergriffen, um den Gefahren entgegenzuwirken. Das betrifft sowohl die Gefahren für den fortbestehenden Glauben des Volkes an die Demokratie als auch jene, die eine Verfälschung des Volkswillens betreffen.

Die Europäische Union beispielsweise versucht mit ihrem Maßnahmenpaket zur Regulierung digitaler Dienste und Märkte, illegale oder schädliche Onlineaktivitäten sowie die Verbreitung von Desinformationen zu unterbinden.[190] Die Betreiber großer Onlineplattformen und Suchmaschinen werden gezwungen, Risiken für Wahlen zu identifizieren und wirksam abzumildern. Des Weiteren wird gezielte Wahlwerbung, bekannt als Micro-Targeting, untersagt, jedenfalls sofern das zugrunde liegende Profiling auf sensiblen Kategorien personenbezogener Daten basiert. Das schließt etwa politische Ansichten oder die ethnische Zugehörigkeit einer Person ein. Aber dessen noch nicht genug. Mit dem europäischen Gesetz zur Transparenz politischer Werbung und dem heftig diskutierten europäischen KI-Gesetz rüstet Europa weiter auf, um die Gefahren, die vom digitalen Zeitalter für Gesellschaft und Demokratie ausgehen, zu reduzieren oder auszuschalten.

Während die Europäische Union bereits intensiv regulativ aktiv wurde, blickte man im Jahr 2024 in den USA weiterhin beunruhigt den nächsten Präsidentschaftswahlen entgegen. Wie der renommierte Politikexperte Darrell M. West schrieb, fehlten nach wie vor die rechtlichen Leitplanken, die Wähler vor Falschnachrichten, Desinformation und irreführenden Narrativen schützen könnten[191] – und das, obwohl bereits acht Jahre vergangen waren, seit die Bevölkerung vor der Wahl Donald Trumps erstmals nachhaltig ins digitale Fadenkreuz genommen wurde.

In den kommenden Jahren werden zwei maßgebliche Handlungsstränge zur Adressierung der beschriebenen, insbesondere von KI ausgehenden Gefahren von zentraler Bedeutung sein. Einerseits besteht die Notwendigkeit, ein Umfeld zu schaffen, das sicherstellt, dass Unternehmen, einschließlich KI-Entwickler, KI-Betreiber und Social-Media-Plattformen, auf denen KI-generierte Inhalte verbreitet werden, innovationsfähig bleiben. Eine allzu rigide Regulierung wirkt dabei innovationshemmend und begünstigt die Abwanderung von Nutzern zu Diensten, die, da sie in weniger regulierten Ländern beheimatet sind, innovationsfreudiger bleiben. Gleichzeitig schwindet mit der Innovationslust gegebenenfalls die Fähigkeit, eigenständig Technologien zu entwickeln, die den Gefahren der Künstlichen Intelligenz effektiv entgegenwirken können. Die eigene Industrie wird geschädigt, Konkurrenzplattformen weniger demokratischer Staaten wie China womöglich gestärkt und die eigenen Gefahrenabwehrmaßnahmen konterkariert.

Eric Schmidt, Mitbegründer von Google, hat durchaus recht, wenn er feststellt: „Ich mache mir Sorgen, dass wir uns durch übertriebene Regulierung selbst um eine führende Wettbewerbsposition bringen und in eine strategische Sackgasse manövrieren."[192] Gewarnt sei vor allem die Europäische Union. Ein starker Fokus auf die Ängste vor dem neuen Zeitalter, gepaart mit dem europäischen Hang zur intensiven Regulierung, führt dazu, dass ein Dickicht von europäischen und nationalen Spezialgesetzen und Richtlinien zum Betrieb von Onlineplattformen, zum Datenschutz, zum Datenaustausch, zu digitalen Diensten und Märkten, zur Abwehr von Cyberbedrohungen, zu politischer Wahlwerbung und schließlich zu Künstlicher Intelligenz entsteht. In ihrer Komplexität sind die Regelungen kaum noch von Unternehmen und nationalen staatlichen Einrichtungen zu überblicken. Sie bewirken sicherlich nicht, dass sich die internationalen Branchengrößen, die sich Dutzende Mitarbeiter und Rechtsberater zur Durchforstung der Regelwerke leisten können, aus Europa zurückziehen, jedoch dämpfen sie den Enthusiasmus für lokale Entwicklungen und private Investitionen. Es fällt schwer zu glauben, dass die im europäischen KI-Gesetz vorgesehene Schaffung von sogenannten Sandboxes, die mit behördlicher Unterstützung mehr Freiraum zur Erprobung schaffen sollen, tatsächlich zu einer Beruhigung von Jungunternehmern führen wird. Sorgen sie doch für eine weitere Steigerung der bürokratischen Komplexität und stellen sie geradewegs ein Eingeständnis des EU-Gesetzgebers dar, dass das KI-Gesetz für Start-ups unverdaulich ist. Schwermütige Diskussionen darüber, inwiefern Brüssel den spürbaren digitalen Aufbruch in Europa abwürgt, erfassen mittlerweile aber nicht nur die Wirtschaft, sondern auch staatliche Einrichtungen wie Gerichte, die in Künstlicher Intelligenz eine Lösung für zukünftige Leistungsengpässe sehen.

Was den zweiten Handlungsstrang für die Zukunft betrifft, ist dieser selbstverständlich in einer Milderung sowie Abwehr der Gefahren zu sehen, die von Künstlicher Intelligenz für die Demokratie ausgehen. Gesetzliche Regeln und die von ihnen geforderten Gegenmaßnahmen sind erforderlich, müssen jedoch für Wirtschaft und Staat handhabbar sein und im Gleichgewicht mit anderen essenziellen Interessen der Gesellschaft stehen. Zweifelsohne gehört zu diesen wie angedeutet die Erhaltung der Zukunftsfähigkeit der Gesellschaft durch ausreichende eigene Innovationskraft.

Eine vertiefte Diskussion passender Einzelmaßnahmen, die insbesondere versuchen, die Gefahren zu bändigen, die von der zu erwartenden massiven Anzahl KI-generierter Deepfakes und irreführender Narrative ausgehen, würde den Rahmen eines Sachbuchs sprengen und soll Fachpublikationen überlassen bleiben. Das gilt insbesondere für eine Analyse der unlängst in Kraft getretenen gesetzlichen Vorschriften der Europäischen Union. Das vor dem Hintergrund diverser politischer Interessen und fachlicher Standpunkte entstandene Regelungsgeflecht ist zudem so komplex, dass dessen Umsetzung und Wirkung selbst vom Gesetzgeber und den ihn beratenden Experten unmöglich prognostiziert werden kann und teilweise abgewartet werden muss.

Ganz generell sollte es im Zusammenhang mit von Künstlicher Intelligenz generierten Inhalten mit manipulativem Potenzial jedenfalls vor allem darum gehen, diese durch die Betreiber von Onlineplattformen konsequent identifizieren, kennzeichnen und gegebenenfalls löschen zu lassen. In diesem Zusammenhang werden KI-basierte Detektionstools, vollautomatisierte, hybride und menschliche Faktenprüfer ebenso diskutiert wie die Anbringung von Wasserzeichen auf künstlich erzeugten und als Deepfake zu klassifizierenden Bildern und Videos oder die Nutzung von Blockchain-Technologien zur Authentifizierung realer seriöser Nachrichten.[193] Ob die vom KI-Gesetz der EU bereits geforderte Markierung von bestimmten KI-generierten oder KI-veränderten Inhalten ausreicht oder in Teilen sogar über das Ziel hinausschießt, weil sie das Nutzungspotenzial und die Brauchbarkeit von generativer KI für viele nicht-manipulative Zwecke deutlich einschränkt, ist eine der vielen Fragen, deren Beantwortung ungewiss erscheint und zur Beobachtung der Entwicklungen zwingt.

Von zentraler Bedeutung ist nicht zuletzt aber auch die Sensibilisierung des Bürgers selbst. Und das nicht nur in Bezug auf die typischen Merkmale von KI-generierten Medien, die zusehends aufgrund technischen Fortschritts für das menschliche Auge verschwinden werden, sondern vor allem für den Umstand, dass auch wir in einer Welt leben, in der wir nicht alles glauben sollten, was uns präsentiert wird, in einer Welt, in der wir selbst Verantwortung dafür tragen, welche risikobehafteten oder seriösen Quellen wir nutzen, um uns zu informieren.

4.6

Vitalisierung der Demokratie

Hochleistungsserver, Glasfaserkabel, ausgeklügelte Programmierungen und mobile Endgeräte beschleunigen die menschliche Kommunikation auf nahezu Lichtgeschwindigkeit. Sie übertragen und verarbeiten anstandslos Ströme von ein- und ausgehenden Signalen. Sie katapultieren die Menschheit in ein Zeitalter engster Vernetzung. Auch Staaten erlauben sie, enge digitale Verbindungen zwischen Institutionen, Bürgern und Unternehmen herzustellen. Die neuen Datenhighways setzen dem Austausch von Information und der Kommunikation kaum Grenzen. Die neuen Technologien bereiten den Weg für eine direkte Kommunikation zwischen Regierenden und Regierten, für direkten Wählerkontakt und für eine breitere Beteiligung des Volkes an hoheitlichen Entscheidungen. Sie sollten mit Leichtigkeit dem Willen des Volkes zu mehr Durchsetzungskraft verhelfen und damit politikmüden Demokratien neue Stärke verleihen. Was ist an dieser These dran? Wo stehen wir diesbezüglich?

Demokratische Exoten

Mit dem Aufkommen des digitalen Fortschritts erlebten die letzten beiden Jahrzehnte eine Blüte von Diskussionen über recht unkonventionell klingende demokratische Formen. Dazu gehören Konzepte wie E-Democracy, Digital Democracy, Liquid Democracy, Wikidemocracy, Data Democracy und AI Democracy.[194]

Signifikanten Einfluss auf die Durchsetzungskraft des Volkswillens nahm bislang keine dieser Formen. Wie auch in der Zeit vor der großen Digitalisierung gehen wir im regelmäßigen Abstand in die Wahlkabinen und geben unsere Kreuze bei Parteien und Kandidaten ab. Trotz der neuen schnellen und kommunikativen Möglichkeiten mischen wir noch immer nicht in der großen Politik mit. Und das, obwohl eine Untersuchung der Körber-Stiftung aus dem Jahr 2023 für Deutschland deutlich macht, dass sich 86 Prozent der Befragten eigentlich wünschen, bei wichtigen politischen Entscheidungen stärker einbezogen zu werden. Dieser Wunsch wird noch drastischer, wenn nach staatlichen Entscheidungsebenen unterschieden wird. So hielten 93 Prozent der Befragten eine stärkere Beteiligung auf kommunaler Ebene für wichtig oder sehr wichtig, 91 Prozent auf Landesebene und 85 Prozent auf Bundesebene.[195] Auch in ihrer bereits erwähnten Studie zu Deutschland, Frankreich, Großbritannien, Polen und den USA kommt More in Common zu dem Resümee, dass viele Menschen das Gefühl haben, nicht gehört und nicht gesehen zu werden. In Zukunft liege deshalb nicht nur eine bessere politische Kommunikation nahe, sondern auch die Stärkung und gegebenenfalls Neuausrichtung demokratischer Beteiligungs- und Begegnungsformate.[196]

Was hat es nun mit den diskutierten Exoten auf sich? Zählen sie trotz ihrer bislang begrenzten Wirkung noch immer zu den Hoffnungsträgern für eine stärkere Einbindung des Volkes und damit für eine Vitalisierung der Demokratie? Was die beiden letztgenannten Konzepte, Data Democracy und AI Democracy, betrifft, so wird von ihnen in dieser Hinsicht jedenfalls kein signifikantes Momentum ausgehen können. Bei der Data

Democracy geht es darum, allen Menschen durch den Zugang zu Informationen und Daten die Teilhabe an gesellschaftlichen Prozessen zu erleichtern, indem diese besser informiert werden. Neue Möglichkeiten der Teilhabe an Entscheidungen werden jedoch nicht eingeräumt. Die AI Democracy zielt daneben darauf ab, Gesetzgeber mit KI-Lösungen auszustatten, um ihre Perspektive auf die Gesellschaft und deren Steuerung zu verbessern – erinnern wir uns an Kapitel 3.4. Bürger können mit besseren Gesetzen rechnen, aber nicht mit ihrer stärkeren Einbindung.

Anders kann es sich mit Konzepten der E-Democracy (entspricht Digital Democracy) verhalten, zu deren Unterformen auch die Liquid Democracy und die Wikidemocracy zählen. E-Democracy steht ganz generell für die Nutzung von Informations- und Kommunikationstechnologien in demokratischen Prozessen. Unter diesem konzeptionellen Dach lassen sich grundsätzlich drei Varianten einer zukünftigen digitalen Partizipation des Volkes unterscheiden: Die erste ist aus parlamentarischer Perspektive von radikaler Natur. Bei ihr übernimmt das Volk, etwa per Liquid Democracy oder Wikidemocracy, die gesetzgebende Gewalt und die Parlamente haben ausgedient. Die zweite Option ist vermittelnder. Bei ihr wird die Macht zwischen Volk und Parlament aufgeteilt: Die Volksvertretungen bleiben bestehen, geben aber Kompetenzen an ein technologisch aufgerüstetes Volk ab. Die dritte Option sorgt für weniger Aufregung. Parlamente geben keine Zuständigkeiten ab, binden aber das Volk über digitale Konsultationen und andere Formen der digitalen Bürgerbeteiligung noch mehr in Entscheidungen ein.

Inwiefern sind diese Varianten aber realistisch, gesellschaftlich zuträglich und führen wirklich zu einer Stärkung des Volkswillens und einer Vitalisierung der Demokratie?

Direkte Demokratie: Neue Horizonte?

Die genannte erste Option klingt sicherlich utopisch und etwas frevelhaft zugleich. Schließlich führt sie zur Entmachtung der Parlamente.

In Demokratien sind sie ein, wenn nicht sogar das Zentrum der Macht, aber auch nur von Menschen gemacht und nicht unumstößlich. Ihre Bedeutung würden sie verlieren, wenn das Volk die gesetzgebende Gewalt an sich zöge und über Gesetze mittels digitaler Abstimmungsverfahren selbst entscheiden würde. Das Frappierende an diesem Gedankenspiel ist, dass es dafür gar keiner technischen Innovationen bedarf. Die erforderliche Ausstattung wäre schnell zusammengetragen und die Skripte mit etwas Aufwand geschrieben. Mobiltelefone mit WLAN-Verbindung, Programmierungen für Front- und Backend, eine Serverfarm samt Datenbank genügen – und das Volk ist online. Sobald die Kinder schlummern und Ruhe auf den Sofas einkehrt, greift es zu den Mobiltelefonen und der Macht im Staat. Eine charmante Vorstellung, wie attraktiv ist sie jedoch?

Genau betrachtet ruht ihre Anziehungskraft auf einem Nullpunkt. Zunächst liegt die Vermutung nahe, dass die Bürgerschaft gar kein Verlangen danach verspürt, auf ihren Sofas Netflix und Chips durch legislative Agenden zu ersetzen.[197] Davon abgesehen stellt der Parlamentarismus nüchtern betrachtet nur einen Ausdruck einer zwingenden Notwendigkeit von Gesellschaften dar, die über die Größe eines Kleinststammes hinausgehen. Es handelt sich um die Notwendigkeit der Arbeitsteilung und der daraus folgenden Konzentration einzelner Personen auf Lenkungsaufgaben.

Übernimmt der Bürger die parlamentarischen Geschäfte, wird das Prinzip der Arbeitsteilung aufgegeben. In der Folge würden jährlich zahlreiche Legislativentscheidungen auf die bürgerlichen Wohnzimmer zukommen und die Familienmütter und -väter nach der Arbeit mit diffizilen Problemlagen überhäufen. Die Menge an Entscheidungen und deren Komplexität würde jeden von ihnen übermannen und zu teils unreflektierten und für die Gesellschaft riskanten und ungünstigen Steuerungsmanövern führen. Schließlich splitten selbst Parlamentarier die Lasten und delegieren ein Gros ihrer Aufgaben an Fachausschüsse, um eine ausreichende Reflexion sicherzustellen.

Vor diesem Hintergrund sollte jede Gesellschaft, die Wert auf erfolgreiche Führung legt, Steuerungsaufgaben bündeln und delegieren. Dieses erste Extremszenario einer maximalen Direktdemokratie würde der Idee der Demokratie sicherlich Flügel verleihen, aber Flügel, die sie weit von dem für eine Gesellschaft Zuträglichen davonträgt.

An diesem Resümee ändern auch die schillernden Konzepte der Liquid Democracy und der Wikidemocracy nichts. In der Liquid Democracy haben Bürger zwar die Möglichkeit, ihre Stimme an Dritte weiterzugeben, wenn sie sich zeitlich oder fachlich nicht dazu berufen fühlen, eine Entscheidung zu treffen. Diese Dritte können Fachleute, Blogger, gar die eigenen Großeltern sein, die sich in einem bestimmten Bereich besonders gut auskennen. Die Wahl, an wen die Stimme delegiert wird, erfordert jedoch ebenso besondere Sorgfalt, Einarbeitung und Prüfung. Schließlich ist nicht jeder, der sich als Experte ausgibt, tatsächlich ein solcher und nicht jeder Experte kommt zu Ergebnissen, die den eigenen Interessen entsprechen. Schließlich gibt es auch unter Fachleuten im Regelfall nicht nur die eine richtige Wahrheit.

Was schließlich die Wikidemocracy anbelangt: Sie würde den Familienmüttern und -vätern noch einige Schweißperlen mehr auf die Stirn treiben. Bei diesem Konzept müssten die Bürger über ein Wiki, ähnlich wie bei Wikipedia, einen Gesetzesvorschlag selbst überarbeiten. Sie bedürften dafür nicht nur Kenntnisse in der politischen Sache und solche rechtstechnischer Natur. Zudem müssten sie sich in die jeweilige Wiki-Anwendung einarbeiten. Die Vermutung liegt nahe, dass viele Bürger einen solchen Aufwand scheuen und sich daher eher einige technikaffine Gruppen mit ihren Meinungen durchsetzen würden. Darin wäre kaum eine Stärkung des Volkswillens zu sehen.

Parlament und Volk: Die neue Balance

Die zweite Option sorgt sicherlich für weniger ungläubiges Kopfschütteln. In diesem Szenario bleiben die Volksvertretungen bestehen, büßen jedoch an Macht ein. Das Volk übernimmt dabei die Letztentscheidungsgewalt über einzelne Gesetzgebungsvorhaben, belässt die übrigen Kompetenzen aber beim Parlament. Die dafür notwendige technische Ausstattung stimmt mit der der ersten Option überein und ist wiederum relativ schnell implementiert. Auch dieses Szenario würde die demokratische Idee vitalisieren und dem Volkswillen neue Durchsetzungskraft verleihen. Vielleicht handelt es sich um die Kraft, die Demokratien in Zukunft dringend benötigen, um langfristig fortbestehen zu können. Die Legitimität von parlamentarischen Systemen mag schließlich schwinden, wenn nicht nur die Unzufriedenheit mit den politischen Eliten steigt, sondern auch, wenn eine partielle Machtübernahme durch den eigentlichen Souverän technisch und zeitlich machbar erscheint und ihm diese dennoch verwehrt wird. Welcher Vertreter kann schon als wahrer Vertreter gelten, wenn er seinen mündigen Geschäftsherren dauerhaft von dessen Geschäften ausschließt?

Aber wie bei den anderen beiden Konzepten, so gilt auch hier, dass allein die Realisierbarkeit oder die die Demokratie vitalisierende Kraft nicht ausschlaggebend sein kann. Vielmehr muss das Konzept auch im Übrigen verträglich sein. Das kann infrage stehen, wenn es aus technischen Gründen zu riskant ist oder unterstellt werden kann, dass das Volk seiner Entscheidungskompetenz nicht mit der notwendigen zeitlichen Hingabe nachkommt und dadurch Fehlsteuerungen provoziert.

Was den Punkt der technikbedingten Risiken anbelangt, so mögen diese wie in der Vergangenheit auch in der Zukunft von vielen Ländern als zu groß und nicht vertretbar angesehen werden. Schließlich kann mangelnde IT-Sicherheit zu Verzerrungen und Manipulationen von Abstimmungen führen, wie auch mangelnde IT-Transparenz zu kritischen Vertrauensdefiziten[198] und mangelnde Datensicherheit zum Verlust des Wahlgeheimnisses führen kann.

In einer Welt, in der wir uns nicht scheuen, das zentrale Gut, um das wir oftmals kreisen, das Geld, dem Internet und den IT-Abteilungen von Banken und Finanzämtern anzuvertrauen, wirken diese Argumente jedoch zusehends antiquiert, auch wenn sie derzeit noch vorherrschend sind. Je tiefer wir in den digitalen Kosmos eindringen und je ausgereiftere Technologien für alle zur Verfügung stehen, desto stichhaltiger müssen die technischen Gegenargumente sein, um nicht irgendwann als vorgeschoben enttarnt zu werden. Wenn der Bürger es für verantwortbar hält, die Organisation seines ganzen Lebens zu digitalisieren, welche Begründungen soll er da noch für eine Beschränkung seiner demokratischen Rechte auf gelegentliche Wahlkabinenbesuche akzeptieren?

Was den zweiten Punkt der zeitlichen Hingabe des Souveräns anbelangt, so ist zu unterstreichen, dass für die Steuerung komplexer Gesellschaften ein großes Engagement notwendig ist. Die heutigen Steuerungsprogramme weisen eine andere Komplexität als diejenigen der alten Germanen oder der alten Griechen auf, die einst unter der Gerichtseiche respektive in der Ekklesia über das Volkswohl befanden. Die Gesetzgebungsakte der Neuzeit sind hochkomplex und risikobehaftet. Eingebettet in politische Programme, die oftmals Kompatibilität und Kontinuität in der Steuerung sichern sollen, zielen sie mehr oder weniger genau gen Zukunft. Sie bilden eine Option unter verschiedenen Steuerungsalternativen ab, die es anhand von unsicheren Prognosen zu potenziellen Auswirkungen und verschiedensten politisch, kulturell oder religiös geprägten Wertmaßstäben abzuwägen gilt. Um moderne Gesellschaften sicher und effizient zu steuern, bedarf es daher sachkompetenter Entscheidungsträger oder zumindest solcher, die sich mit zeitlicher Hingabe verantwortungsvoll mit den für sie vorbereiteten Programmen und Initiativen auseinandersetzen.

Nun liegt natürlich die Vermutung nahe, dass das Volk sich nicht so hingebungsvoll um die gesetzgebenden Geschäfte kümmern könnte, wie dies die Steuerung komplexer Gesellschaften erfordert.[199] Volksabstimmungen könnten sich zu Junk-Voten entwickeln, die sich in den digitalen Turbokonsum einreihen, irgendwo zwischen der Suche nach Aufregung, Spaß, Ablenkung und Blitzinformation.

Diese Argumente bleiben aber erst einmal das, was sie sind – Vermutungen. Zum Beleg der Richtigkeit bedarf es solider Empirie, sollen die internetaffinen Generationen dieses Argument nicht einfach beiseiteschieben können. Zudem bedarf es, wenn die Zweifel an den Kompetenzen des Volkes noch tiefer liegen, einer plausiblen Erklärung, was die Schweizer Eidgenossen im Gegensatz zu uns Deutschen, Franzosen, Indonesiern und Peruanern auszeichnet, wenn sie – auf Basis von gut aufbereiteten Programmen – über so manche Gesetzesinitiative abstimmen.

Vor diesem Hintergrund sehe ich die Diskussion um eine Stärkung des Volkswillens durch mehr direkte Demokratie unter Nutzung neuer Kommunikationstechnologien noch lange nicht am Ende, sondern in neue Runden gehen. Die Gegenargumente werden dabei sukzessive an Kraft verlieren, sodass wir es in der weiteren Zukunft auch wagen sollten und sicherlich in manchen Ländern auch wagen werden, den Souverän vermehrt digital zu Wort kommen zu lassen.

Digitale Bürgerbeteiligung: Eine Sackgasse?

Das neue Maschinenzeitalter eröffnet den Bürgern noch weitere Formen der Involvierung in Gesetzgebungs- sowie in kommunalen Angelegenheiten. Dazu zählen Formen der digitalen Bürgerbeteiligung, etwa Online-Petitionsverfahren oder elektronisch durchgeführte Konsultationen, mittels derer das Volk in legislative und kommunale Planungsstadien noch stärker eingebunden wird. Die Letztentscheidungsgewalt bleibt aber bei den Parlamenten beziehungsweise örtlichen Entscheidungsträgern.

Zahlen der OECD belegen, dass die Bürgerbeteiligung in den letzten Jahren eine gewisse Blüte erlebte.[200] Das gilt auch für die Einbindung der Bürger in digitaler Form. Weltweit wurden elektronische Beteiligungsverfahren getestet oder eingeführt, in England, Frankreich und Spanien genauso wie in Brasilien und Taiwan.[201] Zusammen mit Australien und Kanada zählt Deutschland in Sachen analoger Bürgerbeteiligung den Zahlen zufolge zu den Vorreitern.[202] Allein auf Bundesebene sollen pro Legislaturperiode über 100 Verfahren der Öffentlichkeitsbeteiligung, etwa die Kommentierung von Aktionsplänen, Onlinedebatten über Maßnahmenprogramme oder Dialogveranstaltungen, stattfinden.[203] Die Involvierung der Öffentlichkeit in Verwaltungsverfahren wurde gar im Gesetz verankert.[204]

Untersuchungen zeigen, dass die Einbeziehung von Bürgern demokratiefördernde Wirkungen entfalten kann. Bürgerbeteiligung hat das Potenzial, die Zufriedenheit mit der Demokratie und die Akzeptanz von politischen Entscheidungen zu verbessern, genauso, wie sie politisches Interesse und demokratische Kompetenzen stimulieren kann.[205] Untersuchungen für den Onlinebereich, also für die digitale Partizipation, bestätigen dieses Bild.[206] Wie ihr analoges Pendant kann diese allein dadurch, dass sie staatliche Entscheidungsverfahren öffnet und Bürger daran beteiligt, das Vertrauen in demokratische Institutionen und Prozesse stärken.[207]

Wie passen diese Erkenntnisse jedoch in das Gesamtbild? Erinnern wir uns an die äußerst niedrigen Zufriedenheitswerte in Bezug auf die Demokratie (in Deutschland hat mehr als jeder Zweite weniger großes oder nur geringes Vertrauen in die Demokratie) sowie an den klaren Wunsch der Bürger nach einer verstärkten Einbindung auf kommunaler, Landes- und Bundesebene.[208] Weder das Aufblühen der Bürgerbeteiligung noch ihre demokratiefördernden Potenziale noch Deutschlands Rolle als Vorreiter scheinen auf den ersten Blick damit in Einklang zu stehen.

Bei genauerer Betrachtung liegt die Annahme nahe, dass das bisherige Ausmaß der Bürgerbeteiligung und der durch sie bewirkte Einfluss auf staatliche Entscheidungen offensichtlich immer noch zu gering sind. Zudem sind die demokratiefördernden Effekte konsultativer und informierender Beteiligungsformen zwar nicht zu unterschätzen, scheinen jedoch nicht stark genug zu sein, um das geringe Vertrauen in die politischen Eliten und deren Leistungen – die offensichtliche Ursache für die schlechten Zufriedenheitswerte mit der Demokratie – ausreichend kompensieren zu können. Zwar gibt es aktuell spannende Forschungen am renommierten US-amerikanischen MIT zu der Frage, ob die Einbindung Künstlicher Intelligenz in die Plattformen öffentlicher Diskussion und Konsultation ihre demokratiefördernden Effekte weiter steigern kann.[209] Zu einem absoluten Gamechanger für Bürger, deren Vertrauen verloren ging, wird KI aber auch nicht werden.

Weiterführende Untersuchungen zu Deutschland, die diese These, dass bisherige Beteiligungsformen nicht stark genug sind, stützen, legen nahe, dass trotz der beschriebenen Fortschritte die zuständigen Gremien und Behörden im kommunalen Bereich keineswegs dazu geneigt sind, planungsrelevante Kompetenzen an die Zivilbevölkerung abzugeben.[210] So werden etwa mit der öffentlichen Auslegung von Plänen mit Hunderten oder Tausenden Seiten unnötige Hürden geschaffen. Teilweise wird erst beteiligt, wenn Planfeststellungsbeschlüsse bereits getroffen sind. Die Neigung mancher Politiker, selbst die Ergebnisse von Volksentscheiden zu hinterfragen,[211] verleitet zudem zu der These, dass auch weniger einflussreiche Beteiligungsformen als Volksentscheide von einer teilweisen Unterminierung betroffen sein könnten.

Bezüglich aller Beteiligungsformen auf Bundes-, Landes- und kommunaler Ebene, die der direkten Demokratie einmal ausgenommen, tritt hinzu, dass sie den Volkswillen gar nicht repräsentieren. Ihre demokratiefördernde und damit vitalisierende Wirkung ist daher vom Ansatz her begrenzt. Das eingeholte Feedback der Bürger ist nicht repräsentativ für den Volkswillen. Die sich beteiligenden Bürger sprechen gerade nicht für die Gesamtbevölkerung. Das wird insbesondere bei Formen der digitalen Partizipation deutlich. Bei näher untersuchten Onlineprojekten bildeten eher gut ausgebildete, politisch aktive junge Männer aus urbanen Gebieten den Kreis der Aktivbürger.[212] Sie gaben ihren eigenen Willen wieder, der sich aus den eigenen Interessen und Wahrnehmungen speist.

Vor diesen Hintergründen werden auch neue Formen der digitalen Bürgerbeteiligung nur begrenzt vitalisierende Wirkungen entfalten können. Sie können das Vertrauen in die demokratischen Prozesse zwar steigern. Um die Demokratie jedoch nachhaltig zu stärken, erscheint es unumgänglich, dem Wunsch der Bürger nach mehr Beteiligung in wichtigen Fragen durch Instrumente der direkten Demokratie, einschließlich ihrer digitalen Form, wie oben in Option 2 beschrieben, nachzukommen. Nur sie lassen das wahre Volk sprechen und verschaffen ihm den Einfluss auf staatliche Entscheidungen, den es sich offenbar so sehr wünscht.

4.7

Der soziale Stoff, der uns zusammenhält: Neue Aussichten

Wie wir wissen, kennzeichnen neben der gelebten Demokratie noch zahlreiche weitere Facetten die politischen Systeme, in denen wir leben. Auch in ihrem Kontext kann die Digitalisierung nicht nur Chancen, sondern auch Risiken eröffnen, wenn wir diesen nicht angemessen vorbauen.

Spätestens seit den Enthüllungen Edward Snowdens im Sommer 2013 wissen wir, wie westliche Geheimdienste in privaten Daten der Weltbevölkerung herumspionieren und ein permanentes Gefühl der Überwachung erzeugen. Der Whistleblower nährte damit Spekulationen, dass sich im neuen Maschinenzeitalter auch Demokratien zu Überwachungsstaaten entwickeln und Kernbereiche der Freiheitsrechte als einen weiteren Systembaustein immer mehr aushöhlen könnten. Theoretisch denkbar ist sicherlich, dass selbst freiheitlich organisierte Staaten weiter als bisher gehen, und zwar nicht nur durch den Ausbau ihrer visuellen und digitalen Überwachungsnetze, sondern auch – wie es China praktiziert – durch das testweise Einsetzen von Sozialkreditsystemen.

Nicht völlig unrealistisch ist daneben die Entwicklung einiger demokratischer Staaten hin zu digitalen Law-and-Order-Systemen.

Unter formeller Wahrung der Freiheitsrechte könnten diese flächendeckend versuchen, mit immer günstiger werdenden Überwachungstechnologien oder durch das Auslagern der Überwachung an private Unternehmen jeden Rechtsverstoß der Bürger zu detektieren und zu sanktionieren. Ein schonungsloses Verfolgen jeder Ordnungswidrigkeit könnte selbst die ordnungsbewusstesten Mitglieder einer Gesellschaft in Dauerstress versetzen. Auch sie sind nicht vor dem Normverstoß gefeit. So könnten Zweifel darüber wachsen, inwiefern ein System obsessiver Regelkontrolle zu ihnen und zur Natur des Menschen generell passt. In Deutschland mag es immer noch schwer vorstellbar sein, hoheitliche Tätigkeiten wie die Erfassung und Ahndung von Straßenverkehrsverstößen an private Unternehmen auszulagern. In Italien hingegen haben einige Kommunen zumindest in einem kleinen Teilbereich der Innenstadtüberwachung bereits eine andere Auffassung.

Derartige dystopische Vorstellungen, einschließlich die eines komplett digitalen Law-and-Order-Staates, die durch den aktuellen Entwicklungssprung von KI für den einen oder anderen an Kontur gewinnen, bleiben aber letztlich spekulativ. Es gilt, die Entwicklungen ein Stück weit abzuwarten, dabei aber wachsam zu bleiben. Hängen sie doch in jedem Land maßgeblich von den zukünftigen politischen Kräften und der Stärke der jeweiligen Verfassungsgerichte ab, die uns vor einer zu starken Erosion der Freiheitsrechte schützen sollen. Was die Europäische Union betrifft, so hat diese etwa mit einem Verbot von KI-getriebenen Sozialkreditsystemen, einem Verbot bestimmter invasiver Massenüberwachungstechnologien sowie einem Verbot von Techniken der unterschwelligen Beeinflussung jüngst Sicherheitsanker ausgeworfen, die zumindest für die Unionsbürger einen gewissen zusätzlichen Halt bieten.

Noch spekulativer und daher nicht weiter zu verfolgen ist das oben skizzierte Szenario von Casey und Niblett, in dem künstlich-intelligente Systeme Gesellschaften durch Mikroanweisungen steuern und dabei einen dritten Systembaustein aushöhlen. Gemeint ist das Prinzip der Gewaltenteilung. Klassische Gesetze hätten in einer solchen Zukunft weitgehend ausgedient, ebenso wie Behörden und Gerichte, die diese umsetzen. Dies könnte dazu führen, dass sich die staatliche Macht beim Gesetzgeber konzentriert, welcher über den KI-Einsatz entscheidet.

Lassen Sie uns an dieser Stelle aber nicht zu sehr spekulieren, sondern eher eine Entwicklungsmöglichkeit in den Fokus nehmen, die angesichts der jüngsten technologischen Evolution realistischer ist und dringend der Beobachtung und Reaktionen bedarf. Sie betrifft die Basis liberaler Staaten. In den vergangenen zehn Jahren war sie bereits Gegenstand intensiver wissenschaftlicher und journalistischer Diskussionen, muss jedoch immer wieder erneut vermessen werden. Die Rede ist vom sozialen Zusammenhalt der Gesellschaft – ein unsichtbarer Kitt aus gemeinsamen Anschauungen und Gefühlen.[213] Reißt dieses Bindemittel, bröckelt es oder geht schleichend verloren, laufen Gesellschaften, auch Demokratien, Gefahr, instabil zu werden und schlimmstenfalls auseinanderzubrechen. Auch wenn eine jüngere Studie des Starsoziologen Steffen Mau zeigt, dass Deutschland aktuell weniger gespalten ist, als es die öffentlichen politischen Debatten vermuten lassen,[214] kann der soziale Zusammenhalt – genauso wie das Demokratieprinzip – immer stärker unter Spannung geraten, je weiter wir in das digitale Zeitalter vordringen.

Bei einer aktualisierten Diskussion der technologiebedingten Effekte ist zu berücksichtigen, dass die Forschung in der Vergangenheit bereits eine Vielzahl von Ursachen für Spannungen in der gesellschaftlichen Tektonik aufgedeckt hat, die sich durchaus von Land zu Land unterscheiden. Globalisierung, aber auch Digitalisierung scheinen eine zentrale Rolle zu spielen.[215] Ebenso können Migrationsdruck, Jugendarbeitslosigkeit, Armut oder, wie am Beispiel der USA zu sehen, eine extreme Polarisierung der politischen Lager Fliehkräfte entfesseln.[216] Angesichts dieser Erkenntnisse sollten wir verschiedene Entwicklungsszenarien in einer von KI geprägten Welt im Auge behalten.

Es ist zunächst leicht vorherzusagen, dass die wachsende Anzahl von Deepfakes und KI-generierten Inhalten mit manipulativen Absichten das Risiko birgt, die seit Jahren beobachtete politische Polarisierung, die hohe Emotionalisierung im gesellschaftlichen Diskurs sowie die Bildung von digitalen Stämmen und Filterblasen zu verschärfen. Täuschend echte und immer wieder auftauchende, sich bestätigende Fehlperspektiven auf Persönlichkeiten, Parteien, Politik und Staat festigen virtuelle Kleinstwelten und Echokammern. Sie erschweren es, aus diesen auszubrechen und Brücken zu Gruppen und Personen anderer Meinung zu schlagen, was eine Gefahr für den sozialen Zusammenhalt darstellt. Es bleibt spannend zu beobachten, wie sich die ersten erlassenen gesetzlichen Instrumente und Selbstregulierungen der Plattformindustrie in diesem Kontext auswirken werden.

Betrachten wir an dieser Stelle zwei weitere Entwicklungsmöglichkeiten noch etwas genauer, die sich im Zusammenhang mit dem sozialen Zusammenhalt komplexer darstellen.

KI und die Arbeitswelt: Eine Neubewertung

Eine offensichtliche und altbekannte Gefahr für den gesellschaftlichen Zusammenhalt besteht darin, dass sich der durch Technologie erzeugte Produktionszuwachs vom Beschäftigungswachstum absetzt, Technologisierung also weniger Beschäftigung schafft, als sie vernichtet. Realisiert sich ein derartiges Szenario, wofür laut den beiden US-Wirtschaftswissenschaftlern und Digitalisierungsexperten Erik Brynjolfsson und Andrew McAfee schon vor Jahren einiges sprach,[217] könnte selbst die demokratietragende Mittelschicht in gefährlichem Maße schrumpfen. Die Automatisierung erfasst potenziell typische Berufe dieser Schicht: Buchhalter, Laborassistenten, Steuerberater, Rechtsanwälte. Angehörige des Mittelstandes könnten in Schichten der Niedriglöhner, Gelegenheitsarbeiter und Arbeitslosen übergehen und auf der Wohlstandsskala absinken. Im Jahr 2017 schätzte McKinsey & Company, dass global etwa die Hälfte aller beruflichen Tätigkeiten, einschließlich solcher des Mittelstandes, automatisiert werden könnte.[218] Sicherlich ließ sich schon damals nicht absehen, wie viele Positionen tatsächlich einer vollständigen

Rationalisierung anheimfallen würden. Zumal eine solche Rationalisierung in vielen Staaten teils lediglich den Effekt einer schrumpfenden erwerbstätigen Bevölkerung kompensieren könnte. Gleichwohl barg schon damals allein die Angst vor dem Verlust der Erwerbstätigkeit und dem sozialen Abstieg die Gefahr, dass sich Menschen entsolidarisieren und der gesellschaftliche Zusammenhalt bröckelt. So weit der Stand der Erkenntnis vor dem Big Bang, der Liveschaltung von ChatGPT.

Neueste Untersuchungen von McKinsey & Company aus dem Jahr 2023, die nun auch das Automatisierungspotenzial generativer KI berücksichtigen, führen zu einer weiteren Schärfung der Sicht auf die Zukunft der Arbeit.[219] Demnach haben derzeitige Technologien nunmehr das Potenzial, 60 bis 70 Prozent der Tätigkeiten der Beschäftigten zu automatisieren. Generative KI scheint dabei das Blatt endgültig zu wenden. Waren in der entfernteren Vergangenheit vor allem weniger gut ausgebildete Erwerbstätige von einer Automatisierung betroffen, scheinen es nunmehr tatsächlich die qualifizierten Berufsgruppen und damit noch stärker der Mittelstand zu sein.[220] Den erheblichen Anstieg der Automatisierungsquote führt McKinsey dabei vor allem auf die gesteigerte Fähigkeit generativer KI zurück, natürliche Sprache zu verstehen – eine Fähigkeit, die etwa 25 Prozent der menschlichen Arbeitstätigkeiten erfordern.

Goldman Sachs schätzt, dass die neue Welle von KI-Systemen weltweit ein Äquivalent von 300 Millionen Jobs automatisieren könnte.[221] Die Investmentbanker gestehen jedoch ein, dass diese eher makroökonomische Größe nicht unbedingt darüber Auskunft gibt, wie viele Jobs tatsächlich in einzelnen Staaten wegfallen werden. Goldmann Sachs geht beispielsweise für die USA davon aus, dass etwa zwei Drittel der heimischen Berufsgruppen der Teilautomatisierung ausgesetzt sind. Bei diesen könnten Maschinen ein Viertel bis die Hälfte der Arbeitslast übernehmen. Aus Sicht des Investmenthauses scheinen damit jedoch derzeit noch keine massiven branchenübergreifenden Entlassungswellen vorprogrammiert zu sein, sondern vielmehr technologiebedingte

Produktivitätssteigerungen der menschlichen Arbeitskraft. Pro Arbeitstag schaffen Menschen dank maschineller Unterstützung mehr Werte für Unternehmen und die Gesamtwirtschaft.

Berücksichtigt man zusätzlich den bereits erwähnten Faktor der Abnahme der Erwerbstätigenquote in vielen Staaten und den bestehenden Fachkräftemangel, lässt sich zusammenfassend trotz der dramatisch klingenden neuen Zahlen kein durch und durch düsteres Szenario für die Arbeitswelt zeichnen. Zweifellos werden Ängste vor technologiebedingten Veränderungen die erwartbaren Umstrukturierungen und Jobverluste in einzelnen Branchen begleiten. Dennoch ist derzeit nicht absehbar, dass sie eine solche Stärke erreichen werden, dass sie allein genommen die gesellschaftliche Tektonik, den sozialen Zusammenhalt in systemgefährdender Weise aufbrechen können. Angesichts der rasant fortschreitenden technologischen Entwicklungen sollte das Thema jedoch definitiv nicht aus den Augen verloren werden.

Wirtschaftliche Ungleichheit: Wie gefährlich ist die sich vertiefende Kluft tatsächlich?

Die Erkenntnis, dass Gesellschaften nicht fair sind, zählt zum Grundstock der Soziologie.[222] Eine ungleiche Verteilung von Macht und wirtschaftlicher Kraft scheint zur Genetik menschlicher Gesellschaften zu gehören und im Übrigen auch ihre soziale und wirtschaftliche Evolution anzutreiben. Das gilt unabhängig davon, ob wir oder Gesellschaftstheoretiker dies als gerecht und hinnehmbar empfinden. Bislang hat ein gewisses Maß an Ungleichgewicht allen Konzepten der Herstellung von Volksherrschaft, Gleichheit und wirtschaftlicher Verteilungsgerechtigkeit getrotzt.

Sicherlich kennt die Geduld mit der Obrigkeit und den Wirtschaftseliten ihre Grenzen, wenn die Macht- und Wohlstandsklüfte extreme Formen annehmen. Denken wir an die Französische Revolution, so lag deren Hauptursache im drastischen Gefälle zwischen dem Bauernstand, der über 90 Prozent der Gesamtbevölkerung ausmachte, den Grundherren und dem König. Letztere beuteten Ersteren rigoros aus. Politische Systeme können sich jedoch als erstaunlich strapazierfähig erweisen. So führte die enorme Konzentration von wirtschaftlicher Macht und politischem Einfluss durch eine kleine Gruppe von Industriemagnaten um J. D. Rockefeller, J. P. Morgan und Andrew Carnegie in den USA des frühen 20. Jahrhunderts zwar zu gesellschaftlichen Verwerfungen und folgenden wirtschafts- und steuerpolitischen Reformen. Sie mündete aber nicht im Kollaps des demokratischen Systems.

Betrachten wir die Neuzeit, so erscheint die enorme Kumulation von Reichtum und gesellschaftlichem Einfluss, der vor allem über die Kontrolle von Technologien vermittelt wird, bei einigen wenigen Industrie-Tycoons noch weniger systemkritisch zu sein als der Ausbeutungskapitalismus der Rockefeller-Ära. Das Gleiche gilt für die Tatsache, dass sich derzeit in den USA gut 30 Prozent des gesamten nationalen Vermögens in den Händen von nur einem Prozent der Bevölkerung befinden.[223] Schließlich führten diese Entwicklungen bislang weder zu ausgeprägten Protesten noch zu nachhaltig erscheinenden Spannungen. Vor diesem Hintergrund stellt sich in unserem Kontext nicht nur die Frage, ob die Kluft zwischen den Superreichen und der übrigen Bürgerschaft im anbrechenden KI-Zeitalter noch weiter aufgehen wird, sondern auch, ob sie in nächster Zukunft realistischerweise überhaupt systemgefährdende Ausmaße annehmen kann.

Wie bereits zuvor erwähnt, wird allein das Aufkommen und die Verbreitung von generativer KI in den kommenden Jahren weltweit branchenübergreifend zu erheblichen Produktivitätssteigerungen führen. McKinsey & Company schätzt, dass zusätzliche Einnahmen in Höhe von 2,6 bis 4,4 Billionen US-Dollar generiert werden könnten.[224] Zusätzliche Produktivitätszuwächse sind durch weitere hochinnovative Technologieformen zu erwarten. In den freiheitlich organisierten Demokratien ist es wahrscheinlich, dass der bereits vermögende Teil der Gesellschaft von diesen Entwicklungen durch Investitionen in den Wachstumsbereichen überproportional profitieren wird. Die Wohlstandsschere dürfte damit weiter aufgehen. Kritische gesellschaftliche Spannungen sind zwar noch lange nicht vorprogrammiert, allerdings auch nicht auszuschließen.

Jahrzehnte volkswirtschaftlicher Erfahrungen erlauben die verbreitete These, dass die Vorteile eines Produktionswachstums die verschiedenen Gesellschaftsschichten durchaus erreichen.[225] Einkommen und Wohlstand steigen in einem breiteren Teil der Bevölkerung und können einem Zerreißen des sozialen Zusammenhalts entgegenwirken. Nach 1945 stieg etwa in Westdeutschland die Produktivität erheblich an und führte zum bekannten Wirtschaftswunder, von dem die gesamte Bevölkerung profitierte und auf dessen Basis sich das junge demokratische System stabilisieren konnte.

Der Zusammenhang zwischen Produktionswachstum und Wohlstand ist jedoch nicht naturgesetzlich determiniert. Gerade im KI-Zeitalter kann der bereits erwähnte Faktor der Arbeit dem zu erhoffenden höheren Wohlstand für alle einen Strich durch die Rechnung machen. Auch wenn vorerst nicht mit branchenübergreifenden Entlassungswellen zu rechnen ist, so legt allein schon die Geschichte der Arbeit nahe, dass die KI-Ära – wie andere technologische Zeitalter auch – nicht spurlos an den Arbeitsmärkten vorbeiziehen, sondern Jobverluste und Umstrukturierungen mit sich bringen wird. Ob und wie stark dies die Wohlstandsentwicklung tangiert und daraus gesellschaftliche Spannungen resultieren, hängt letztlich von der Flexibilität und Reformfähigkeit der jeweiligen Staaten ab. Deren Aufgabe ist es, mit wirtschafts-, finanz- und sozialpolitischen Maßnahmen für Rahmenbedingungen zu sorgen, die zu wirtschaftlichem Wachstum, Innovation, neuen Beschäftigungsformen und einer ausreichenden Wohlstandsverteilung führen und nicht zu Massenarbeitslosigkeit und verbreiteter Armut.

Was die Länder der Europäischen Union anbelangt, so gilt es insbesondere zu beobachten, wie sehr sich die extensive Regulierung des digitalen Bereichs, die Investitionen behindern wird, auf Wachstum, Innovation, Beschäftigung und die für Strukturanpassungen notwendigen politischen Spielräume auswirkt.

AUSBLICK

Ausblick in ein Zeitalter digitaler Steuerung

Ausblick in ein Zeitalter digitaler Steuerung

Ich erinnere mich noch ziemlich genau. Es war 1998 und ich war Mitte 20. Mit einem Fiepen, Knacken und Rauschen kroch zu Hause das Internet aus dem Modem und Google existierte nur als fixe Idee zweier Studenten. Gleichwohl spürten wir schon damals, wie sich das neue digitale Zeitalter unaufhaltsam vor uns entfaltete. Bereits zu diesem Zeitpunkt fragte auch ich mich, was da noch alles auf uns wartet. Futuristische Streifen flimmerten über die Leinwände und zeichneten fantastische und dystopische Bilder. Menschen steuerten ihre Gesellschaften digital oder wurden gar von entrückten Technologien dirigiert oder unterjocht.

Im ausgehenden letzten Jahrtausend waren die Dinge aber noch lange nicht reif für seriösere Prognosen. Künstliche Intelligenz blieb reine Science-Fiction und damit auch Maschinen, die eigenständig komplexe städtische Verkehrsnetze steuern, die den Schritten und Tritten von Bürgern unermüdlich hinterherschielen oder über uns Gericht halten könnten.

Die folgenden Jahre technologischer Evolution hinterließen jedoch immer tiefere Spuren. Computer und das Internet sind aus unserem

Leben schon lange nicht mehr wegzudenken. Mittlerweile tragen wir leistungsstarke, smarte und vernetzte Minirechner an unseren Körpern, stets bereit, uns mit der Welt zu verknüpfen und ihr Wissen in Sekundenbruchteilen abzurufen. Die Sensoren, Chips und Algorithmen neuer technologischer Generationen prägen unseren Alltag, spähen uns nach und häufen immense Datenmengen an. Mit ihrer Hilfe haben wir schließlich das wohl spektakulärste und zugleich beängstigendste Kapitel des neuen Maschinenzeitalters aufgeschlagen – das der Künstlichen Intelligenz.

Der Horizont begann sich zu klären und damit auch die Möglichkeit, Szenarien einer zukünftigen Steuerung unserer Spezies auszuloten, ohne dabei zu sehr in Spekulationen abzudriften. Mit den vorliegenden Seiten habe ich diese Möglichkeit wahrgenommen. Erinnern wir uns an die Ausgangsthesen. Diese konnten weitgehend bestätigt werden: Neue Technologien, insbesondere Künstliche Intelligenz, haben längst begonnen, auch die Steuerung unserer Gesellschaften zu beeinflussen, wobei die dramatischsten Änderungen noch vor uns liegen. Auch wenn die fortlaufende Digitalisierung die demokratisch-liberalen Kerne der Staaten wahrscheinlich unberührt lässt, kann der zu erwartende Wandel der Art und Weise hoheitlicher Lenkung und Kontrolle als revolutionär bezeichnet werden.

Auch aus langfristiger Perspektive hat sich gleichwohl das Szenario der Entwicklung einer hyperintelligenten Steuerungsmaschine, die dereinst die Menschheit mit höchster Zuverlässigkeit durch die Zeiten navigiert, als unrealistisch erwiesen. Gesellschaften und ihre Umwelt erscheinen als zu komplex und volatil, als dass eine Künstliche Intelligenz sie je komplett durchdringen und mit absoluter Sicherheit hocheffektive, äußerst effiziente und zugleich nebenwirkungsarme Steuerungsinstrumente kalkulieren und umsetzen könnte. Auch auf lange Sicht wird die Menschheit die Verantwortung für die Steuerung und Fehlsteuerung ihrer Gesellschaften und ihren Einfluss auf die Umwelt selbst tragen müssen. Und das ist auch gut so.

Als weitaus realistischer erwiesen sich Szenarien, die die Digitalisierung einzelner Steuerungsphasen betreffen. Auch die diesbezüglich absehbaren Entwicklungen werden uns weit in die Zukunft führen. Über Jahrtausende lag die Organisation von Gesellschaften allein in menschlicher Hand. Die Digitalisierung wird den Staat jedoch zusehends in ein Mischwesen aus Mensch und Maschine transformieren – in einen Staat 3.0. Unter menschlicher Kontrolle können sich Technologien zu staatstragenden Elementen entwickeln. Dies nicht nur, weil sie es ermöglichen, die Effektivität und Effizienz gesellschaftlicher Steuerung erheblich zu steigern, sondern vor allem auch, weil durch die Automatisierung staatlicher Aufgaben einige der großen Herausforderungen der Zukunft bewältigt werden können.

Erinnern wir uns daran, dass immer weniger Personen im erwerbsfähigen Alter immer mehr Mitbürger im Rentenalter ersetzen und finanziell tragen müssen. Staaten geraten in Schwierigkeiten, ausreichende Personaldecken sicherzustellen und ihre Leistungsfähigkeit aufrechtzuerhalten. Den Bürgern drohen nicht nur längere Wartezeiten in Ämtern und vor Gericht, sondern auch eine Einschränkung öffentlicher Dienste. Zudem müssen aufgrund enormer Kosten für eine alternde Gesellschaft die Systeme der Gesundheitsversorgung, der Langzeitpflege sowie der Renten und Pensionen erheblich ausgebaut werden. Automatisierung und technologiebedingte Einsparpotenziale könnten der Schlüssel zur Lösung dieser Zukunftsthemen sein, wenngleich kein Allheilmittel.

Es liegt auf der Hand, dass die Automatisierungspotenziale und die dadurch wahrscheinlich werdenden Entwicklungsszenarien nicht nur die Optimierung der Kommunikation mit dem Bürger bei der Abwicklung von Verwaltungsdienstleistungen betreffen. Sie beschränken sich auch nicht auf eine immer engmaschigere Überwachung durch städtische Kameras und ausgefeilte Verfahren des geheimdienstlichen Onlinetrackings. Zu erwarten ist vielmehr, dass sich smarte Technologien, insbesondere Künstliche Intelligenz, in allen Säulen des Staates durchsetzen, und zwar selbst bei der Gesetzgebung, wenngleich dies aufgrund noch fehlender Ressourcen und systemimmanenter Widerstände nicht unmittelbar geschehen wird. Mit ihrer Hilfe werden Ministerien, Regierungen und Parlamente gesetzgeberische Handlungsbedarfe schneller und besser identifizieren als bisher. Die Ausarbeitung von Gesetzen, die uns alle lenken, kann deutlich vorausschauender und auf soliderer Wissensbasis geschehen. Maschinen können den politischen Entscheidungsträgern zwar nicht die Abwägung, die Entscheidung in der Sache sowie die politische Verantwortung dafür abnehmen und damit Abgeordnete ersetzen. Sie werden aber Risiken von Fehlsteuerungen, von übermäßigen regulatorischen Nebenwirkungen und nutzlosen staatlichen Ausgaben zu unseren Gunsten maßgeblich reduzieren. Es ist offensichtlich, dass smarte Technologien damit dazu beitragen könnten, Unzufriedenheiten mit Demokratie und Regierung vorzubeugen und so vielleicht Protesten in gewissem Maße den Wind aus den Segeln zu nehmen.

Als größte Domäne neuer Maschinengenerationen wird sich der Bereich der Umsetzung politischer Programme und damit die Umsetzung von Recht herausstellen. Smarte Technologien werden zu Schlüsselinstrumenten von Verwaltungen, Vollzugsorganen, Gerichten und Rechtsberatern. In diesem Bereich liegen die weitreichendsten Potenziale, deren Erschließung vor allem auch uns Bürger zugutekommen würde, und es bestehen die größten Notwendigkeiten einer Automatisierung, wenn die Staaten ihre Leistungsfähigkeit langfristig aufrechterhalten oder gar steigern wollen. Die sich damit abzeichnenden Umwälzungen werden weltweit Millionen von Jobs betreffen und auch zahllose kosten. Dabei ist jedoch ein genauer Blick auf Rollen und zeitliche Horizonte angebracht und keine Panik. Der Mensch wird alles andere als komplett aus dem Bereich der Rechtsumsetzung verschwinden, sondern in verschiedenen Rollen verbleiben und auch neue übernehmen.

Das erheblichste Potenzial, Prozesse der Rechtsumsetzung zu überformen, birgt dabei eine Automatisierung der Rechtsanwendung in sich. Rechtsanwendung macht das Gros verwaltender, richterlicher und anwaltlicher Tätigkeiten aus. Sie bestimmt unseren Alltag, unsere tagtäglichen Fragen nach Recht und Unrecht. Und sie bildet den Kern einer milliardenschweren Industrie, der Rechtsberatungsbranche. Angesichts ihrer enormen Bedeutung und Rationalisierungspotenziale ist damit zu rechnen, dass die technologischen Entwicklungen in diesem Bereich mit Kraft vorangetrieben werden. Das gilt zumindest außerhalb der Europäischen Union. Innerhalb ihrer Grenzen werden die für den digitalen Bereich erlassenen, schwer durchdringbaren Gesetzgebungsakte mit ihren extensiven Anforderungskatalogen den Innovationshunger deutlich reduzieren. Ohne erhebliche öffentliche Förderungen oder Eigenprojekte droht die Staatengemeinschaft ins Mittelfeld staatlicher Digitalisierung abzurutschen beziehungsweise dort zu verharren, getrieben und abhängig von den Entwicklungen der wahren globalen Innovations-Hotspots.

Gleichwohl wird sich in Ost und West, Nord und Süd die Digitalisierung auch im Bereich der Rechtsanwendung ihren Weg suchen. Dank KI und anderer elaborierter Technologien wird sie zu einer Automatisierung zahlreicher behördlicher Standardakte und Verfügungen führen sowie Gerichte bei der Sachverhaltsauswertung und Entscheidung unterstützen. Dies wird angesichts der für diese steigenden Herausforderungen durch Legal-Tech-Anwendungen, die zu einer Zunahme von Klagen und deren inhaltlichen Umfang führen können, und die neuen Möglichkeiten der Manipulation von Beweismitteln mit Deepfake-Technologien dringend notwendig sein.

Das Automatisierungspotenzial wird damit langfristig betrachtet aber noch nicht ausgeschöpft sein. Entgegen der derzeit verbreiteten Ansicht werden die technischen Möglichkeiten so weit reifen, dass Künstliche Intelligenz auch in den Kernbereich der Rechtsanwendung eindringen und den Menschen teils ersetzen kann. Dies betrifft ebenso komplexe, vom Standard abweichende Rechtsfälle, die Erfahrung und Kreativität bei der Ermittlung einschlägiger Regeln, Präzedenzfälle und

Argumente erfordern sowie die Nutzung von Ermessens- und Beurteilungsspielräumen. Sofern Verfassungs- und Gesetzgeber dies unterstützen – was derzeit noch schwer vorstellbar ist –, können Maschinen unter strikter menschlicher Aufsicht und Kontrolle zu verbreiteten Entscheidungsautomaten transformieren. Sie könnten somit weitere kritische Rationalisierungen ermöglichen und Gesellschaften trotz der Alterung ihrer Bevölkerung und steigender fiskalischer Belastungen zukunftsfähig machen.

Die Menschheit wird in die sich so eröffnenden Möglichkeiten hineinwachsen, regulatorische Erfahrungen sammeln und entspannter als unsere Generation mit ihnen umgehen. Was den kurz- und mittelfristigen Horizont betrifft, werden die Dinge jedoch weder technisch noch regulatorisch so reifen, dass mit einer weitreichenden Übernahme von komplexen Entscheidungen durch Maschinen in Ämtern und Gerichten zu rechnen ist. Schließen wir aber nichts kategorisch aus. Die Vergangenheit hat zu oft bewiesen, wie überraschend die Zukunft sein kann.

Auch im staatlichen Einsatz bringen die neuen Generationen von Technologien natürlich nicht nur Vorteile und Chancen mit sich, sondern ebenso eine Reihe von Nachteilen und Risiken, die ich an dieser Stelle nicht noch einmal auflisten möchte. Betroffen von diesen potenziellen negativen Auswirkungen ist nicht nur der Staat selbst – denken wir an nutzlose Ausgaben durch Fehlsteuerungen –, sondern vor allem wir Bürger, etwa indem unsere Entfaltungsmöglichkeiten ungebührend durch technologisch fehlgeleitete Gesetze und Entscheidungen eingeschränkt werden. Diesen Gefahren ist selbstverständlich durch eine wirksame, die staatlichen Institutionen umfassende Regulierung der Entwicklung und des Einsatzes smarter Technologien zu begegnen.

Bleiben wir jedoch nicht bei den Chancen und Risiken von Technologien stehen, die die Steuerung von Gesellschaften revolutionieren können und werden. Das letzte Jahrzehnt hat einen Vorgeschmack darauf gegeben, wie Technologien ebenso systemimmanente Elemente von Staaten in kritischer Weise perforieren und damit Gesellschaften von ihren eigentlichen Kursen abbringen können. Wissenschaftlich wurden diese Effekte teils eingehend untersucht. Mit dem Aufkommen und der Verbreitung massentauglicher Künstlicher Intelligenz ändert sich das Bild jedoch noch einmal deutlich, und es gilt, das gefahrbringende Potenzial erneut zu vermessen. Was die liberalen Demokratien anbelangt, so liegen besondere Risiken darin, dass Künstliche Intelligenz zum einen dazu beitragen kann, den Glauben der Bürger an die demokratische Grundordnung zu schmälern, und zum anderen entscheidend dabei helfen kann, den Volkswillen bei Wahlen zu verfälschen.

Die vorangehenden Seiten haben gezeigt, dass sich gleichwohl keine Untergangsszenarien aufdrängen. Unzufriedenheiten der Bürger werden nicht zwangsläufig zu einem völligen Verfall des Glaubens an die Demokratie als Regierungsform führen, sondern sich wie in der Vergangenheit eher auf die aktuelle Politik und deren Protagonisten beziehen. Bedenken wir jedoch, dass in Künstlicher Intelligenz und insbesondere in Deepfake-Technologien das Potenzial liegt, für eine erhebliche Desorientierung der Bürgerschaft zu sorgen. Dem ist gesetzgeberisch vorzubeugen, wenn sich die liberale Demokratie wehrhaft zeigen und autoritäreren Regierungsformen nicht Platz machen will.

Ein entschiedener staatlicher Eingriff ist ebenso erforderlich, um zu verhindern, dass der Einsatz Künstlicher Intelligenz, sei es beabsichtigt oder unbeabsichtigt, zu einer Verfälschung des Volkswillens und somit von Wahlen und Referenden führt. Im Kontext der willentlichen Manipulation denken wir an die offensichtliche Gefahr einer massenhaften Verbreitung von Deepfakes und den Einsatz manipulativer Chatbots, um den Wähler in eine bestimmte Richtung zu lenken. Im Kontext der unwillentlichen Beeinflussung erinnern wir uns an die Risiken, die von der Verwendung künstlich-intelligenter Wahlempfehlungssysteme zur politischen Bildung ausgehen.

Vergessen wir im Kontext der Verteidigung und Stärkung der Demokratie aber ebenso wenig den Umstand, dass sich trotz der jüngsten

Blüte von Bürgerbeteiligungsverfahren eine überwältigende Mehrheit der Bürger angesichts des Vertrauensverlustes in die aktuelle Politik immer noch ein Mehr an Mitbestimmung wünscht. In einer Welt, in der die Digitalisierung selbst in die letzten Nischen vordringt, wird es immer schwerer zu verstehen sein, warum der Staat den eigentlichen Souverän nicht öfter zu Wort kommen lässt, wenn dies mittels sicherer digitaler Verfahren möglich ist. Die Diskussion muss hier zwangsläufig in eine neue Runde gehen, wenn man das Konzept der Volksherrschaft und den Bürger ernst nehmen und diesen nicht für alle Zeiten auf die Zuschauerbank verbannen will.

Die staatstragenden Elemente, die durch das Aufkommen und die Nutzung neuer Technologien erodieren können, beschränken sich jedoch nicht allein auf den Glauben an die Demokratie und den unverfälschten Willen des Volkes. Auch die liberale Staatenwelt ist nicht davor gefeit, dass ebenso die klar verbrieften Freiheitsrechte in einer digitalisierten Welt durch ein neuartiges Verständnis von Law and Order noch tiefer geschliffen werden und Fliehkräfte entstehen, welche die soziale Tektonik und damit das Fundament unserer Gesellschaften noch stärker erschüttern.

In Bezug auf Letzteres zeichnet sich derzeit zwar noch kein komplett beunruhigendes Bild der Arbeitswelt ab, das ein Zerreißen von Gesellschaften ankündigen könnte. Gleiches gilt für die sich weiter auftuende wirtschaftliche Kluft zwischen Durchschnittsverdienern und den superreichen Digitalisierungsgewinnern. Dennoch ist es wichtig, dass die Politik wachsam, flexibel und reformwillig bleibt. Ihre Aufgabe besteht darin, mit wirtschafts-, finanz- und sozialpolitischen Maßnahmen dafür zu sorgen, dass das digitale Zeitalter zu ausreichendem wirtschaftlichem Wachstum, neuen Beschäftigungsformen und einer angemessenen Verteilung des Wohlstands führt.

Was die Regulierung von smarten Technologien und damit von Künstlicher Intelligenz betrifft, sollte der Staat schließlich nicht nur entschieden handeln, sondern auch besonnen. Es gilt, die Potenziale

Künstlicher Intelligenz auszunutzen, wo diese dem Menschen Vorteile und Fortschritt bringen. Erinnern wir uns noch einmal daran, dass in KI sogar der Schlüssel zur Bewältigung großer zukünftiger gesellschaftlicher Herausforderungen liegt. Zudem darf aus wirtschaftspolitischer Sicht die enorme strategische Bedeutung des eigenen Innovationsstandorts nicht vernachlässigt werden, was bei einer überbordenden Regulierung der Fall ist. Kein gutes Bild gibt dabei die Europäische Union und damit auch Deutschland als einer ihrer tragenden Pfeiler ab. Trotz aller Bemühungen um bürokratische Entschlackung hat die Europäische Union mit ihrem Dickicht von Spezialgesetzen und Richtlinien zur Digitalisierung eine gegensätzliche Richtung eingeschlagen, die dann doch ihrer altbekannten Tradition intensiver, kostenaufwendiger Eingriffe folgt. Da die Staatengemeinschaft nunmehr bereits gesetzgeberische Tatsachen geschaffen hat, ist sie zumindest aufgerufen, genauso leidenschaftlich, wie sie die Märkte reguliert, auch die negativen Effekte ihres Handelns ungetrübt zu beobachten. Die Europäische Union sollte sich immer wieder die Frage nach dem richtigen Gleichgewicht stellen und schließlich auch die Kraft aufbringen, zurückzurudern, anstatt sich damit zu rühmen, weltweit der Vorreiter einer vor allem von Angst getriebenen Regulierung zu sein.

Was schließlich das Verhältnis von Mensch und Maschine betrifft, wurde im Verlauf des Buches deutlich, dass Technologien kein Stadium der Unfehlbarkeit erreichen werden. Risiken von Fehlannahmen, Voreingenommenheit und Manipulationen werden auch in ferner Zukunft zu ihrem Einsatz gehören. Der Mensch ist daher gut beraten, wenn er sich dessen bewusst bleibt und sein Monopol der gesetzgeberischen Entscheidung sowie sein Monopol der gesellschaftlichen Steuerung in einer Welt verteidigt, in der er leicht der künstlich-intelligenten Suggestion von faktischer und normativer Richtigkeit verfallen könnte.

Problematisch erscheint dabei, dass, je weiter wir in Richtung Zukunft vordringen, die eigene Position in den Steuerungsprozessen unklarer wird. Komplexe selbstlernende Algorithmen, auf die der Mensch kaum verzichten wird, werden aufgrund ihrer Undurchsichtigkeit die Bestimmung der wahren menschlichen Stellung im Machtgefüge erschweren. Dies gilt umso mehr, wenn intelligente, bei der Steuerung von Gesellschaften eingesetzte Maschinen eine Art Bewusstsein entwickeln und wir fälschlicherweise nur annehmen, dass wir sie kontrollieren. Momentan mag dieses Szenario reine Spekulation sein und eher zu einem dystopischen Roman passen. Die exponentielle Geschwindigkeit, mit der die technologische Entwicklung voranschreitet, kann aber auch schnell zur Revision dieser Einschätzung führen. Gleichwohl soll dies ein Thema einer anderen, zukünftigen Abhandlung sein.

ENDNOTEN

1 Siehe zum Begriff Staat 2.0 als „Staat im Netz“: Ingolf Pernice, *Staat 2.0? E-Government, Open Government und das Verhältnis von Staat und Bürger_Innen,* hg. von Friedrich-Ebert-Stiftung, *#digidemos. Kongress zu Digitalisierung und Demokratie. Impulssammlung,* 2012, https://library.fes.de/pdf-files/akademie/13560.pdf, S. 12f.

2 Achim Edelmann u. a., „Computational Social Science And Sociology“, *Annual Review Of Sociology* 46, Nr. 1 (30. Juli 2020): 61–81, https://doi.org/10.1146/annurev-soc-121919-054621.

3 Siehe generell zu Prediction Maschines: Ajay Agrawal, Joshua Gans und Avi Goldfarb, *Prediction Machines: The Simple Economics of Artificial Intelligence* (Harvard Business Press, 2018).

4 Ein einheitlicher Begriff von Politik hat sich bislang nicht durchgesetzt. Vgl. etwa Jamie Susskind, *Future Politics: Living Together in a World Transformed by Tech* (Oxford University Press, 2018), S. 70; Klaus Schubert und Martina Klein, *Das Politiklexikon: Begriffe. Fakten. Zusammenhänge*. 7. Aufl. (Dietz, 2018).

5 Wolfgang Streeck, „Von der Gesellschaftssteuerung zur sozialen Kontrolle, Rückblick auf ein halbes Jahrhundert Soziologie in Theorie und Praxis“, *Blätter für deutsche und internationale Politik* 1 (2015), S. 63, 71f.

6 Vgl. Mathias Brüggmann und Jens Münchrath, „Das neue Kraftwerk Europas: Drei Länder sorgen für erstaunliches Wachstum im Osten", *Handelsblatt*, 29. Juni 2021, https://www.handelsblatt.com/politik/international/konjunktur-das-neue-kraftwerk-europas-drei-laender-sorgen-fuer-erstaunliches-wachstum-im-osten/27372406.html.

7 Vgl. Streeck, „Von der Gesellschaftssteuerung zur sozialen Kontrolle, Rückblick auf ein halbes Jahrhundert Soziologie in Theorie und Praxis", S. 63–80.

8 Wolfgang Wiesenthal, *Gesellschaftssteuerung und gesellschaftliche Selbststeuerung* (VS Verlag für Sozialwissenschaften, 2006), S. 76f.

9 Siehe Niklas Luhmann, „Politische Steuerung: Ein Diskussionsbeitrag". In: *Macht und Ohnmacht politischer Institutionen*, hg. von Hans-Hermann Hartwich (Westdeutscher Verlag, 1989), S. 12–16.

10 Vgl. etwa Wiesenthal, *Gesellschaftssteuerung und gesellschaftliche Selbststeuerung*, S. 36ff. (auch mit Verweis auf Scharpf).

11 Vgl. Streeck, „Von der Gesellschaftssteuerung zur sozialen Kontrolle, Rückblick auf ein halbes Jahrhundert Soziologie in Theorie und Praxis", S. 63–80.

12 Wiesenthal, *Gesellschaftssteuerung und gesellschaftliche Selbststeuerung*, S. 40, 76f.

13 Wiesenthal, *Gesellschaftssteuerung und gesellschaftliche Selbststeuerung*, S. 77.

14 Systemtheoretische Hypothesen über Steuerungswiderstände rücken genauso ins Blickfeld wie die Annahmen der Neuen Institutionenökonomik zu institutionellen Rahmenbedingungen oder, wenn es um die Wirkung von Anreiz- oder Sanktionssystemen geht, Modelle der Entscheidungsforschung, etwa die Spieltheorie und die Wahrscheinlichkeitsnutzentheorie, oder Modelle der Motivations-, Anreiz- und Lernforschung.

15 Vgl. Winand Gellner und Eva-Maria Hammer, *Policyforschung* (Oldenbourg Verlag, 2011), S. 56ff.; Werner Jann und Kai Wegrich, „Phasenmodelle und Politikprozesse: Der Policy-Cycle", in: *Lehrbuch der Politikfeldanalyse*, hg. von Klaus Schubert und Nils C. Bandelow (Walter de Gruyter, 2014), S. 97–132.

16 Vgl. ebenso Karl Rohe, *Politik – Begriffe und Wirklichkeiten*. 2. Aufl. (Kohlhammer, 1994), S. 64f.

17 Siehe zur Bedeutung Letzterer etwa Steven Levitsky und Daniel Ziblatt, *Wie Demokratien sterben: Und was wir dagegen tun können* (DVA, 2018), S. 17f.; Rohe, *Politik – Begriffe und Wirklichkeiten*, S. 66f.

18 Vgl. Gellner und Hammer, *Policyforschung*, S. 58ff.

19 Zu diesem Verständnis im Kontext der Politik im Allgemeinen siehe etwa Rohe, *Politik – Begriffe und Wirklichkeiten*, S. 61f.

20 Vgl. Gellner und Hammer, *Policyforschung*, S. 56ff., wenngleich Bezug auf den Begriff der Politik genommen wird, dem aber hier eine ähnliche Bedeutung wie dem Begriff der Steuerung beigemessen wird; Günther Schefbeck und Hannes Stefko, „Modellierung und Simulation in der Rechtsfolgenabschätzung", Linzer Legistik-Gespräche 2015, 2016, S. 37, 40.

21 Zur Policy-Forschung etwa siehe Gellner und Hammer, *Policyforschung*, und zur Rechtswirkungsforschung Lawrence M. Friedman, *Impact: How Law Affects Behavior* (Harvard University Press, 2016); Reinhard Giese und Peter Runde, „Wirkungsmodell für die empirische Bestimmung von Gesetzeswirkungen: Modellansatz und Anwendung im Rahmen einer Wirkungsanalyse zur Pflegeversicherung", *Zeitschrift für Rechtssoziologie* 20, Nr. 1 (1999): 14–54, https://doi.org/10.1515/zfrs-1999-0102.

22 Chris Anderson, „The End of Theory: The Data Deluge Makes the Scientific Method Obsolete", *WIRED*, 23. Juni 2008, https://www.wired.com/2008/06/pb-theory/.

23 Jeffrey Dastin, „Amazon scraps secret AI recruiting tool that showed bias against women", *Reuters*, 11. Oktober 2018, https://www.reuters.com/article/us-amazon-com-jobs-automation-insight/amazon-scraps-secret-ai-recruiting-tool-that-showed-bias-against-women-idUSKCN1MK08G.

24 Beth Simone Noveck, *Smart Citizens, Smarter State: The Technologies of Expertise and the Future of Governing* (Harvard University Press, 2015).

25 Alex Pentland, *Social Physics: How Good Ideas Spread – The Lessons from a New Science* (Penguin Press, 2014).

26 Beth Simone Noveck, *Smart Citizens, Smarter State: The Technologies of Expertise and the Future of Governing*, Preface.

27 Über die Einteilung des Policy Cycle besteht in der Wissenschaft keine Einigkeit. Siehe dazu etwa Gellner und Hammer, *Policyforschung*, S. 59; Günther Schefbeck und Hannes Stefko, Linzer Legistik-Gespräche 2015, S. 37, 40.

28 Die Phase der Entscheidungsevaluation, die sich an die Programmumsetzung anschließt und zugleich einen neuen Steuerungsprozess als Impuls in Gang setzen kann, wird hier, um Doppelungen in der Darstellung zu vermeiden, konsequent dem Steuerungsimpuls zugeordnet. Am Beginn eines Steuerungsprozesses kann und wird regelmäßig die Evaluation der Wirkungen eines bereits existierenden Steuerungsprogrammes etwa in Form eines bereits in Kraft befindlichen Gesetzes stehen.

29 Gellner und Hammer, *Policyforschung*, S. 60f.

30 Gellner und Hammer, *Policyforschung*, S. 60ff.

31 Siehe etwa Julie Simon u. a., „Digital Democracy: The tools transforming political engagement“ (Nesta, Februar 2017), https://www.nesta.org.uk/report/digital-democracy-the-tools-transforming-political-engagement/.

32 Siehe bereits United Nations, „E-Government Survey 2020“, Zugriff 6. Juli 2024, https://publicadministration.un.org/egovkb/en-us/Reports/UN-E-Government-Survey-2020, S. 112ff. Siehe auch United Nations, „E-Government Survey 2022“, Zugriff 6. Juli 2024, https://publicadministration.un.org/egovkb/en-us/Reports/UN-E-Government-Survey-2022, S. 252ff.

33 Zum begrenzten Einsatz von Computermodellen durch die Europäische Union im Rahmen der Problemdefinitionsphase bis zum Ende der Zehnerjahre siehe Szvetlana Acs u. a., „Modelling for EU Policy support: Impact Assessments: Analysis of the use of models in European Commission Impact Assessments in 2003-2018“ (European Commission, 2019), https://publications.jrc.ec.europa.eu/repository/handle/JRC117250, S. 23.

34 Christian Endt, „Die Statistik erfindet sich neu“, *Süddeutsche Zeitung*, 26. März 2019, https://www.sueddeutsche.de/wissen/datenwissenschaft-die-statistik-erfindet-sich-neu-1.4377781.

35 Siehe etwa Agrawal, Gans und Goldfarb, „Prediction Machines: The Simple Economics of Artificial Intelligence“.

36 Denken wir etwa an die Firma Recorded Future, die bereits in den weltweit verbreitetsten Sprachen für ihre Dienste wirbt.

37 Siehe Deloitte, „2021 Government Trends“, Zugriff 6. Juli 2024, https://www2.deloitte.com/us/en/insights/industry/public-sector/government-trends/2021.html.

38 Siehe auch Nathan E. Sanders und Bruce Schneier, „How AI Could Write Our Laws: ChatGPT and other AIs could supercharge the influence of lobbyists–but only if we let them“, *MIT Technology Review*, 14. März 2023, https://www.technologyreview.com/2023/03/14/1069717/how-ai-could-write-our-laws.

39 Matthew Hutson, „Artificial intelligence can predict which congressional bills will pass: Machine learning meets the political machine“, *Science*, 21. Juni 2017, https://www.science.org/content/article/artificial-intelligence-can-predict-which-congressional-bills-will-pass.

40 John J. Nay, „Predicting and Understanding Law-making with Word Vectors and an Ensemble Model“, *PloS One* 12, Nr. 5 (10. Mai 2017): e0176999, https://doi.org/10.1371/journal.pone.0176999.

41 Gellner und Hammer, *Policyforschung*, S. 62ff.

42 Gellner und Hammer, *Policyforschung*, S. 62ff.

43 Siehe dazu etwa auch Susskind, *Future Politics: Living Together in a World Transformed by Tech*, S. 246ff.

44 Pentland, *Social Physics*, S. 5ff.

45 Pentland, *Social Physics*, S. 6.

46 Zum Data-Mining siehe etwa Matthew A. Russell und Mikhail Klassen, *Mining The Social Web: Data Mining Facebook, Twitter, LinkedIn, Google+, GitHub, And More*, 3. Aufl. (O’Reilly Media, 2019); Ian H. Witten u. a., *Data Mining: Practical Machine Learning Tools And Techniques*, 4. Aufl. (Elsevier, 2016). Zum Reality-Mining siehe Nathan Eagle und Kate Greene, *Reality Mining – Using Big Data to Engineer a Better World* (MIT Press 2014); Pentland, *Social Physics*, S. 8.

47 Zum Data-Mining siehe Duden, Stichwort: Data-Mining, Zugriff 6. Juli 2024, https://www.duden.de/rechtschreibung/Data_Mining oder die Encyclopædia Britannica, Zugriff 6. Juli 2024, https://www.britannica.com/technology/data-mining. Zum Reality-Mining siehe Pentland, *Social Physics*, S. 7f.

48 Siehe Zoë Cornyn, „Are Brain Implants the Future of Thinking?", *The Guardian*, 22. September 2022, https://www.theguardian.com/science/2019/sep/22/brain-computer-interface-implants-neuralink-braingate-elon-musk.

49 Tim Urban, „Neuralink and the Brain's Magical Future", 20. April 2017. https://waitbutwhy.com/2017/04/neuralink.html#part6.

50 Siehe Gianluca Sgueo, *Using Technology to "Co-create" EU Policies* (European Parliamentary Research Service, 2020).

51 Siehe etwa diesbezüglich für Deutschland: Bundesministerium des Innern, *Digitale Verwaltung 2020: Regierungsprogramm 18. Legislaturperiode*, 2014, S. 37f.

52 Anthony J. Casey und Anthony Niblett, „The Death Of Rules And Standards", *Indiana Law Journal* 92, Nr. 4 (2017), https://doi.org/10.2139/ssrn.2693826.

53 Siehe etwa William Davies, „How statistics lost their power and why we should fear what comes next", *The Guardian*, 19. Januar 2017, https://www.theguardian.com/politics/2017/jan/19/crisis-of-statistics-big-data-democracy.

54 Siehe zur Frage der vor allem durch den Menschen verursachten Erderwärmung Peter T. Doran und Maggie Kendall Zimmerman, „Examining The Scientific Consensus On Climate Change", *Eos* 90, Nr. 3 (20. Januar 2009): 22–23, https://doi.org/10.1029/2009eo030002.

55 In diesem Sinne basieren konsequenterweise auch die Empfehlungen der OECD zur Regulierungspolitik auf einem strikt auf Fakten beruhenden Regulierungsprozess, siehe OECD Council On Regulatory Policy And Governance, „Recommendation of the Council on Regulatory Policy and Governance" (OECD, 2. November 2012), https://doi.org/10.1787/9789264209022-en, S. 6.

56 Foundations for Evidence-Based Policymaking Act of 2018, Pub.L. 115–435.

57 Vgl. auch Willy Koll, „Welche Rolle spielen Prognosen?“, *Wirtschaftsdienst* 89, Nr. 2 (1. Februar 2009): 79–100, https://doi.org/10.1007/s10273-009-0894-y, S. 79; Carolin Emcke, „Diese Regierung hat die Lust am Lernen verloren“, *Süddeutsche Zeitung*, 7. Juni 2019.

58 Zur normativen Sphäre siehe auch Schefbeck und Stefko, „Modellierung und Simulation in der Rechtsfolgenabschätzung“, S. 37, 47ff.

59 U.S. Congress, Office Of Technology Assessment, „Federal Government Information Technology: Management, Security, and Congressional Oversight“, 1986, 167 (U.S. Congress, Februar 1986), Zugriff 6. Juli 2024, https://www.princeton.edu/~ota/disk2/1986/8611/861101.PDF.

60 Für die Europäische Union siehe etwa Szvetlana Acs u. a., *Modelling for EU Policy support: Impact Assessments: Analysis of the use of models in European Commission Impact Assessments in 2003-2018* (Publications Office of the European Union, 2019), https://doi.org/10.2760/748720 sowie Andrea Di Benedetto u. a., *Modelling for EU Policy Support: Analysis of the Use of Models in European Commission's Impact Assessments in 2019-2022* (Publications Office of the European Union, 2023), https://doi.org/10.2760/913901.

61 USA: Executive Order 13960 v. 03.12.2020. GB: UK Government, „Guidance to civil servants on use of generative AI: General principles on the government's use of generative AI, which can be used to create new text, images, video, audio, or code“, 29. Januar 2024, Zugriff 6. Juli 2024, https://www.gov.uk/government/publications/guidance-to-civil-servants-on-use-of-generative-ai.

62 *Nature*, „The Rise Of Digital Twins“, 26. März 2024, https://www.nature.com/collections/feicjiideh.

63 Siehe National Academies Of Sciences, Engineering, And Medicine, „Foundational Research Gaps and Future Directions for Digital Twins“ (National Academies Press, 1. Januar 2023), https://doi.org/10.17226/26894, S. 18.

64 Executive Order 13960 v. 03.12.2020.

65 Von Jörn von Lucke, Jan Etscheid und Fotios Fitsilis, „Using Artificial Intelligence For Legislation - Thinking About And Selecting Realistic Topics“, *EGOV-CeDEM-ePart 2022*, 2022, Zugriff 6. Juli 2024, https://www.ceur-ws.org/Vol-3399/paper3.pdf.

66 María Luisa Paúl, „A Brazilian city passed a law about water meters. ChatGPT wrote it", *The Washington Post*, 4. Dezember 2023, https://www.washingtonpost.com/nation/2023/12/04/ai-written-law-porto-alegre-brazil/.

67 Hutson, „Artificial Intelligence Can Predict Which Congressional Bills Will Pass: Machine Learning Meets the Political Machine"; Nay, „Predicting and Understanding Law-Making With Word Vectors and an Ensemble Model".

68 Deloitte, „2024 Government Trends", Deloitte Insights, 2024, Zugriff 6. Juli 2024, https://www2.deloitte.com/us/en/insights/industry/public-sector/government-trends/2024.html; United Nations, „E-Government Survey 2022".

69 Siehe etwa die letzten beiden Ausgaben des United Nations E-Government Survey von 2020 und 2022 (https://publicadministration.un.org/egovkb/en-us/Reports/UN-E-Government-Survey-2020 und https://publicadministration.un.org/egovkb/en-us/Reports/UN-E-Government-Survey-2022) sowie Deloitte, „2023 Government Trends", Deloitte Insights, 2023, Zugriff 6. Juli 2024, https://www2.deloitte.com/us/en/insights/industry/public-sector/government-trends/2023.html.

70 Siehe dazu bereits United Nations, „E-Government Survey 2020", S. 34 (https://publicadministration.un.org/en/Research/UN-e-Government-Surveys).

71 Siehe bereits United Nations, „E-Government Survey 2020", S. 34 (https://publicadministration.un.org/en/Research/UN-e-Government-Surveys).

72 United Nations, „E-Government Survey 2020"; nach der Folgeuntersuchung waren es bereits 151 Staaten, siehe United Nations, „E-Government Survey 2020".

73 Siehe die United Nations, „E-Government Survey 2022", S. 25; United Nations, „E-Government Survey 2022", S. 27.

74 Siehe https://marktplatz.landkreise.digital/, Zugriff 6. Juli 2024.

75 Enterprise-Ressource-Planning-Systeme werden schon seit Längerem in Verwaltungen zu Buchhaltung, Finanzplanung, Zeiterfassung et

cetera genutzt. Generell erlauben sie, Kernprozesse einer Institution in einem integrierten System zu planen und zu verwalten.

76 Ausführlich dazu am Beispiel der Schweizer Finanzverwaltung Sandro Fuchs u. a., *Die digitale Finanzverwaltung der Zukunft* (ZHAW School of Management und publicXdata AG, 2022), https://publicxdata.ch/wp-content/uploads/2022/12/Digitale_Finanzverwaltung.pdf.

77 Siehe etwa Karen Levy, Kyla Chasalow und Sarah Riley, „Algorithms And Decision-Making in The Public Sector", *Annual Review Of Law And Social Science* 17 (7. Juni 2021): 309–34, https://www.annualreviews.org/docserver/fulltext/lawsocsci/17/1/annurev-lawsocsci-041221-023808.pdf?expires=1720420046&id=id&accname=guest&checksum=D6CEE616241933EAF-07CF89143D32D23; siehe auch bereits Deloitte, „Government Trends 2020", Deloitte Insights, 2020, Zugriff 6. Juli 2024, https://www2.deloitte.com/us/en/insights/industry/public-sector/government-trends/2020.html, S. 41ff.

78 James Bamford, „The NSA Is Building The Country's Biggest Spy Center (Watch What You Say)", *WIRED*, 15. März 2012, https://www.wired.com/2012/03/ff-nsadatacenter/.

79 Paul Bischoff, „Surveillance Camera Statistics: Which Are The Most Surveilled Cities?", Comparitech, 23. Mai 2023, https://www.comparitech.com/vpn-privacy/the-worlds-most-surveilled-cities/.

80 Matthias Kremp und Martin Jäschke, „US-Bürgerrechtler kritisieren Einsatz von Amazons Überwachungstechnik", *DER SPIEGEL*, 23. Mai 2018, https://www.spiegel.de/netzwelt/netzpolitik/amazon-rekognition-strafverfolger-bekommen-gesichtserkennung-zum-schnaeppchenpreis-a-1209063.html.

81 Sui-Lee Wee und Paul Mozur, „China uses DNA to map faces", *The New York Times*, 22. Oktober 2021, https://www.nytimes.com/2019/12/03/business/china-dna-uighurs-xinjiang.html.

82 Deloitte, „Government Trends 2020", S. 41ff., https://www2.deloitte.com/us/en/insights/industry/public-sector/government-trends.html.

83 Siehe etwa Julia Angwin u. a., „Machine Bias", *ProPublica*, 23. Mai 2016, https://www.propublica.org/article/machine-bias-risk-assessments-in-criminal-sentencing.; Natalia Mesa, „Can The Criminal

Justice System's Artificial Intelligence Ever Be Truly Fair?", Massive Science, 13. Mai 2021, https://massivesci.com/articles/machine-learning-compas-racism-policing-fairness/.

84 Kathleen McGrory, Neil Bedi und Douglas R. Clifford, „Pasco's sheriff uses data to guess who will commit crime. Then deputies 'hunt down' and harass them", *Tampa Bay Times*, 3. September 2020, https://projects.tampabay.com/projects/2020/investigations/police-pasco-sheriff-targeted/intelligence-led-policing/; „Umstrittenes Überwachungsprogramm in Florida – Wir hoffen, dass Sie Ihr Leben verbessern", *DER SPIEGEL*, 27. Juli 2021, https://www.spiegel.de/panorama/justiz/florida-wie-die-polizei-in-pasco-ein-ueberwachungsprogramm-als-lebenshilfe-verkauft-a-e1f64be7-eb-de-4e41-bb17-3a0d5288edf8?sara_ecid=soci_upd_KsBF0AFjflf-0DZCxpPYDCQgO1dEMph.

85 Vgl. mit weiteren Nachweisen Susskind, *Future Politics: Living Together in a World Transformed by Tech*, S. 173 sowie Matt McFarland, „Terrorist Or Pedophile? This Start-up Says It Can Out Secrets By Analyzing Faces", *Washington Post*, 5. Dezember 2016, https://www.washingtonpost.com/news/innovations/wp/2016/05/24/terrorist-or-pedophile-this-start-up-says-it-can-out-secrets-by-analyzing-faces/.

86 Jason Shepherd, „Digital Twins And Public Policy", techUK, 4. Oktober 2023, https://www.techuk.org/resource/digital-twins-and-public-policy.html.

87 World Economic Forum, „Digital Twin Cities: Framework and Global Practices", 2022, https://www3.weforum.org/docs/WEF_Global_Digital_Twin_Cities_Framework_and_Practice_2022.pdf.

88 Roland Berger, Hrsg., „Smart City Strategy Index 2019 – The Smart City Breakaway" (Roland Berger, 2019), Zugriff 6. Juli 2024, https://www.rolandberger.com/publications/publication_pdf/roland_berger_smart_city_breakaway_1.pdf.

89 Siehe etwa mit weiteren Nachweisen John Morison und Adam Harkens, „Re-engineering Justice? Robot Judges, Computerised Courts And (Semi) Automated Legal Decision-making", *Legal Studies* 39, Nr. 4 (4. Juli 2019): 618–35, https://doi.org/10.1017/lst.2019.5.

90 Oxford Insights, Hrsg., „AI Readiness Index – Oxford Insights", Oxford Insights, Zugriff 6. Juli 2024, https://oxfordinsights.com/ai-readiness/ai-readiness-index/.

91 Siehe Amy Qin, „Chinese City Uses Facial Recognition to Shame Pajama Wearers", *The New York Times*, 21. Januar 2020, https://www.nytimes.com/2020/01/21/business/china-pajamas-facial-recognition.html.

92 Siehe etwa Mario Martini und David Nink, „Subsumtionsautomaten ante portas? – zu den Grenzen der Automatisierung in verwaltungsrechtlichen (Rechtsbehelfs-)Verfahren", *Deutsches Verwaltungsblatt* 133, Nr. 17 (1. September 2018): 1128–37, https://doi.org/10.1515/dvbl-2018-1331707.

93 Paul T. Schrader, „Automatisierung der Rechtsanwendung", *BRAK-Mitteilungen*, 2020, 62, 63.

94 AlgorithmWatch, „Automating Society: Taking Stock of Automated Decision-Making in the EU", Januar 2019, https://algorithmwatch.org/en/wp-content/uploads/2019/02/Automating_Society_Report_2019.pdf, S. 37.

95 Siehe dazu Kevin D. Ashley, *Artificial Intelligence And Legal Analytics* (Cambridge University Press, 2017), S. 9ff.

96 Ersatz-Pilot, „Legal Tech an Bord des Ersatz-Piloten und wie Ihnen das hilft", Ersatz-Pilot, Zugriff 6. Juli 2024, https://www.ersatz-pilot.de/legal-tech-an-bord-des-ersatz-piloten/.

97 AlgorithmWatch, „Automating Society: Taking Stock of Automated Decision-Making in the EU", S. 99.

98 Ben Barton, „Modria And The Future Of Dispute Resolution", ODR/Europe, 26. November 2015, http://www.odreurope.com/news/articles/online-dispute-resolution/1172-modria-and-the-future-of-dispute-resolution.

99 Mit weiteren Nachweisen zum Thema Prognose von Gerichtsurteilen siehe Morison und Harkens, „Re-engineering Justice? Robot Judges, Computerised Courts And (Semi) Automated Legal Decision-making".

100 Süddeutsche Zeitung, „‚Frida' und ‚Frauke': Frankfurter Amtsgericht setzt auf KI", *Süddeutsche Zeitung*, 17. Juli 2023, https://www.sueddeutsche.de/panorama/verfahren-frida-und-frauke-

frankfurter-amtsgericht-setzt-auf-ki-dpa.urn-newsml-dpa-com-20090101-230717-99-431783.

101 Bailey Schulz, „DoNotPay Says It's Pivoting From Plans To Argue Speeding Tickets in Court With AI", *USA TODAY*, 9. Januar 2023, https://www.usatoday.com/story/tech/2023/01/09/first-ai-robot-lawyer-donotpay/11018060002/.

102 AlgorithmWatch, „Automating Society: Taking Stock of Automated Decision-Making in the EU".

103 Martini und Nink, „Subsumtionsautomaten ante portas? – zu den Grenzen der Automatisierung in verwaltungsrechtlichen (Rechtsbehelfs-)Verfahren".

104 Vgl. etwa in Deutschland §§ 35a VwVfG, 31a SGB X, 155 Abs. 4 AO und im Vereinigten Königreich die Leitlinie „Ethics, Transparency and Accountability Framework for Automated Decision-Making", 13.05.2021.

105 Martini und Nink, „Subsumtionsautomaten ante portas? – zu den Grenzen der Automatisierung in verwaltungsrechtlichen (Rechtsbehelfs-)Verfahren".

106 European Commission, „‚Better regulation' toolbox 2023", 2023, S. 230; Resa M. Kar u. a., *Recht Digital: Maschinenverständlich und automatisierbar – Impuls zur digitalen Vollzugstauglichkeit von Gesetzen* (Kompetenzzentrum Öffentliche IT, 2019), https://www.oeffentliche-it.de/documents/10181/14412/Recht+Digital+-+Maschinenverständlich+und+automatisierbar.

107 Siehe Bernhard Rumpe u. a., *Digitalisierung der Gesetzgebung zur Steigerung der digitalen Souveränität des Staates* (NEGZ, 2021), https://negz.org/publikation/digitalisierung-der-gesetzgebung-zur-steigerung-der-digitalen-souveraenitaet-des-staat/.

108 Ribeiro De Faria Joana, Huiyuan Xie und Felix Steffek, „Automatic Information Extraction From Employment Tribunal Judgements Using Large Language Models", *Social Science Research Network*, 1. Januar 2024, https://doi.org/10.2139/ssrn.4776160.

109 Michael Chui u. a., „The Economic Potential Of Generative AI: The Next Productivity Frontier", *McKinsey & Company*, 14. Juni 2023,

https://www.mckinsey.com/capabilities/mckinsey-digital/our-insights/the-economic-potential-of-generative-ai-the-next-productivity-frontier, S. 41.

110 Siehe auch Deloitte, „Legal Tech: The Legal Profession Goes Digital", Zugriff 6. Juli 2024, https://www2.deloitte.com/dl/en/pages/legal/articles/legal-tech-legal-department.html.

111 Siehe auch Patrick Prior, „Auswirkungen der Digitalisierung des Rechts (Legal Tech) auf Verbraucher", Zugriff 6. Juli 2024, https://www.advotisement.de/legal-tech/auswirkungen-der-digitalisierung-des-rechts-legal-tech-auf-verbraucher/.

112 Michael Chui u. a., „The Economic Potential Of Generative AI: The Next Productivity Frontier", *McKinsey & Company*, 14. Juni 2023 https://www.mckinsey.com/capabilities/mckinsey-digital/our-insights/the-economic-potential-of-generative-ai-the-next-productivity-frontier#/, S. 3.

113 Axel Adrian, „Der Richterautomat ist möglich – Semantik ist nur eine Illusion", *Rechtstheorie* 48, Nr. 1 (1. März 2017): 77, 112, https://doi.org/10.3790/rth.48.1.77; Anthony D'Amato, „Can/Should Computers Replace Judges?", *Georgia Law Review* 11, Nr. 1977 (8. März 2011), 1277 und 1301, https://papers.ssrn.com/sol3/papers.cfm?abstract_id=1781304.

114 Vgl. Peggy Fiebig, „Wie Künstliche Intelligenz Gerichten helfen könnte", *Deutschlandfunk*, 26. Oktober 2023, https://www.deutschlandfunk.de/justiz-wie-kuenstliche-intelligenz-gerichten-helfen-koennte-dlf-386e4e33-100.html.

115 Zahlen beziehen sich auf das Jahr 2021. Quelle: OECD. „Government At A Glance 2023", 30. Juni 2023, S. 181, https://www.oecd.org/en/publications/2023/06/government-at-a-glance-2023_da193b0d.html.

116 Dazu etwa Thomas Riehm, „Kommt der Robo Judge? Möglichkeiten und Grenzen automatisierter Entscheidungsfindung", 14. November 2023, Zugriff 6. Juli 2024, https://www.jura.uni-passau.de/irdg/veranstaltungen/ringvorlesung-legal-tech/ki-und-rechtsdurchsetzung-im-privatrecht.

117 Siehe Richard Susskind, *The Future of Law: Facing the Challenges of Information Technology* (Oxford University Press, 1987); ders.,

Tomorrow's Lawyers: An Introduction to Your Future, 2. Aufl. (Oxford University Press, 2017).; ders., *Online Courts and the Future of Justice* (Oxford University Press, 2017).

118 Vgl. Council Of Europe, „Algorithms and Human Rights - Study on the Human Rights Dimensions of Automated Data Processing Techniques and Possible Regulatory Implications“, *Council Of Europe Publishing*, März 2018, https://edoc.coe.int/en/internet/7589-algorithms-and-human-rights-study-on-the-human-rights-dimensions-of-automated-data-processing-techniques-and-possible-regulatory-implications.html, S. 7; John Morison und Adam Harkens, „Re-engineering Justice? Robot Judges, Computerised Courts And (Semi) Automated Legal Decision-making“, *Legal Studies* 39, Nr. 4 (4. Juli 2019): 618–35, https://doi.org/10.1017/lst.2019.5; Paul T. Schrader, „Automatisierung der Rechtsanwendung“, *BRAK-Mitteilungen* 51, Nr. 2 (April 2020): 62, 68; Hartmut Maurer und Christian Waldhoff, Verwaltungsrecht, 20. Aufl. (C.H. Beck, 2020), S. 510; Mario Martini und David Nink, „Subsumtionsautomaten ante portas? – zu den Grenzen der Automatisierung in verwaltungsrechtlichen (Rechtsbehelfs-)Verfahren“, *Deutsches Verwaltungsblatt* 133, Nr. 17 (1. September 2018): 1128–37, https://doi.org/10.1515/dvbl-2018-1331707; David Nink, *Justiz und Algorithmen* (Duncker & Humblot, 2021), S. 177, 462, https://doi.org/10.3790/978-3-428-58106-1; Dean Alderucci, „The Automation Of Legal Reasoning: Customized AI Techniques For The Patent Field“, *Duquesne Law Review* 58, Nr. 1 (1. Januar 2020): 50, https://dsc.duq.edu/cgi/viewcontent.cgi?article=3855&context=dlr. Andere Ansicht: Adrian, „Der Richterautomat ist möglich – Semantik ist nur eine Illusion“.

119 Chui u. a., „The Economic Potential of Generative AI: The Next Productivity Frontier“, S. 41.

120 Siehe Joseph Briggs und Devesh Kodnani, „The Potentially Large Effects Of Artificial Intelligence On Economic Growth (Briggs/Kodnani)“, Goldman Sachs, 26. März 2023, https://www.gspublishing.com/content/research/en/reports/2023/03/27/d64e052b-0f6e-45d7-967b-d7be35fabd16.html.

121 So auch Riehm, „Kommt der Robo Judge? Möglichkeiten und Grenzen automatisierter Entscheidungsfindung“.

122 Siehe Chui u. a., „The Economic Potential of Generative AI: The Next Productivity Frontier“, S. 40, Tabelle 10, Säulen „Applying expertise“.

123 Siehe auch Schrader, „Automatisierung der Rechtsanwendung“, 64.

124 Siehe auch Nink, *Justiz und Algorithmen*, S. 178; Schrader, „Automatisierung der Rechtsanwendung“, 67.

125 Vgl. Schrader, „Automatisierung der Rechtsanwendung“, 66.

126 Vgl. Schrader, „Automatisierung der Rechtsanwendung“, 66.

127 Siehe auch Martini und Nink, „Subsumtionsautomaten ante portas? – zu den Grenzen der Automatisierung in verwaltungsrechtlichen (Rechtsbehelfs-)Verfahren“; Schrader, „Automatisierung der Rechtsanwendung“, 67.

128 Die eDiscovery-Programme identifizieren in großen Datenbeständen für bestimmte Sachverhalte relevante Daten. Regulatory-Technology-Systeme sind daneben Systeme, die helfen bestimmte normative Anforderungen zu erfüllen, insbesondere Compliance-Anforderungen.

129 Vgl. Fiebig, „Wie Künstliche Intelligenz Gerichten helfen könnte“.

130 Dazu Nink, *Justiz und Algorithmen*, S. 459f.; Schrader, „Automatisierung der Rechtsanwendung“, 64.

131 Ausführlich dazu Nink, *Justiz und Algorithmen*.

132 Diego Alcázar u. a., „European Tech Insights 2019: Mapping European Attitudes to Technological Change and its Governance“ (Center for the Governance of Change, 2019), Zugriff 6. Juli 2024, https://www.docs.ie.edu/cgc/European-Tech-Insights-2019.pdf.

133 Vgl. etwa Zahlen des Bundesjustizministeriums, wonach allein erstinstanzliche Urteile insbesondere in der Verwaltungs- und Finanzgerichtsbarkeit noch oftmals über zwölf Monate dauern (Erhebung 2013). Bundesministerium der Justiz, „Schutz bei überlangen Verfahren“, Zugriff 6. Juli 2024, https://www.bmj.de/DE/themen/wege_zum_recht/gerichtsverfahren/ueberlange_gerichtsverfahren/ueberlange_gerichtsverfahren_node.html.

134 Vgl. auch Martini und Nink, „Subsumtionsautomaten ante portas? – zu den Grenzen der Automatisierung in verwaltungsrechtlichen (Rechtsbehelfs-)Verfahren“ (welche von „Sinnzusammenhängen“ sprechen);

Alderucci, „The Automation Of Legal Reasoning: Customized AI Techniques For The Patent Field“, 50, 60 und 66.

135 Vgl. Online Lexikon für Psychologie & Pädagogik, „Kognition“, Zugriff 6. Juli 2024, https://lexikon.stangl.eu/240/kognition/.

136 Siehe etwa auch Alderucci, „The Automation Of Legal Reasoning: Customized AI Techniques For The Patent Field“, 50, 67; Nink, *Justiz und Algorithmen*, zusammenfassend S. 222ff., 231.

137 Alderucci, „The Automation Of Legal Reasoning: Customized AI Techniques For The Patent Field“, 50, 68.

138 Martini und Nink, „Subsumtionsautomaten ante portas? – zu den Grenzen der Automatisierung in verwaltungsrechtlichen (Rechtsbehelfs-)Verfahren“.

139 Zur sozialen Kompetenz siehe Martini und Nink, „Subsumtionsautomaten ante portas? – zu den Grenzen der Automatisierung in verwaltungsrechtlichen (Rechtsbehelfs-)Verfahren“; zum Thema der Empathie siehe Nink, *Justiz und Algorithmen*, zusammenfassend S. 222ff., 231, 463.

140 Siehe auch Ray Kurzweil, *How To Create A Mind: The Secret of Human Thought Revealed* (Prelude Books, 2013), S. 38ff.

141 Siehe § 9 Deutsches Richtergesetz.

142 Vgl. auch Kurzweil, *How To Create A Mind: The Secret of Human Thought Revealed*, S. 181.

143 Davon offensichtlich ausgehend auch Kurzweil, *How To Create A Mind*: The Secret of Human Thought Revealed, S. 41.

144 Vgl. Fiebig, „Wie Künstliche Intelligenz Gerichten helfen könnte“.

145 Sofern der Verfassungsgeber etwaige verfassungsrechtliche Hürden einer weitergehenden Automatisierung aufheben möchte, gelten für diesen zumindest etwaige für unveränderbar erklärte verfassungsfeste Grenzen. Siehe in Deutschland dazu Art. 79 Abs. 3 Grundgesetz.

146 Siehe etwa Kevin D. Ashley, „Automatically Extracting Meaning From Legal Texts: Opportunities and Challenges“, *Georgia State University Law Review* 35 (2019): 1117; Kevin D. Ashley, *Artificial Intelligence And Legal Analytics* (Cambridge University Press, 2017).

147 Ashley, *Artificial Intelligence And Legal Analytics*, S. 351ff.; ders., „Automatically Extracting Meaning From Legal Texts: Opportunities and Challenges", 1123ff.; David Lat, „How Artificial Intelligence Is Transforming Legal Research", Above The Law, Zugriff 6. Juli 2024, https://abovethelaw.com/law2020/how-artificial-intelligence-is-transforming-legal-research/.

148 Siehe Universiteit van Amsterdam, „Project Description", University of Amsterdam, 11. Mai 2021, https://www.uva.nl/en/about-the-uva/organisation/faculties/amsterdam-law-school/research/research-themes/digital-transformation/project-description.html?cb.

149 Siehe etwa Xiaobo Guo, Yaojia Sun und Soroush Vosoughi, „Emotion-based Modeling of Mental Disorders on Social Media", *IEEE/WIC/ACM International Conference On Web Intelligence*, 14. Dezember 2021, https://doi.org/10.1145/3486622.3493916; John E. Kelly III, „Computing, cognition and the future of knowing – How humans and machines are forging a new age of understanding" (IBM, 2015), https://publicservicesalliance.org/wp-content/uploads/2015/10/Computing_Cognition_WhitePaper.pdf; Jun Wu, „Empathy in Artificial Intelligence", *Forbes*, 18. Dezember 2019, https://www.forbes.com/sites/cognitiveworld/2019/12/17/empathy-in-artificial-intelligence/?sh=46eea01a6327.

150 Siehe OpenAI, „Introducing ChatGPT", openai.com, 30. November 2022, https://openai.com/index/chatgpt/.; siehe im Übrigen auch Kevin Roose, „The Brilliance and Weirdness of ChatGPT", *The New York Times*, 5. Dezember 2022, https://www.nytimes.com/2022/12/05/technology/chatgpt-ai-twitter.html; Patrick Beuth, „Wie gut ist der weltbeste Chatbot wirklich?", *DER SPIEGEL*, 7. Dezember 2022, https://www.spiegel.de/netzwelt/web/chatgpt-wie-gut-ist-der-weltbeste-chatbot-wirklich-a-91cc9d19-5415-47e4-98c8-d6f878023269.

151 Kristina Schaaff, Caroline Reinig und Tim Schlippe, „Exploring ChatGPT's Empathic Abilities", *11th International Conference On Affective Computing And Intelligent Interaction (ACII)*, 2023, https://arxiv.org/abs/2308.03527.; Cheng Li u. a., „Large language models understand and can be enhanced by emotional stimuli", 14. Juli 2023, https://arxiv.org/abs/2307.11760.

152 Zu einzelnen Fehlerrisiken siehe etwa Felix Stalder, „Sie sind überall“, Interview von Peter Laudenbach, *Brand Eins*, Zugriff 6. Juli 2024, https://www.brandeins.de/magazine/brand-eins-thema/innovation-2017-laeuft/sie-sind-ueberall; Harald Schoen u. a., „The Power of Prediction with Social Media“, *Internet Research* 23, Nr. 5 (14. Oktober 2013): 528–43, https://doi.org/10.1108/intr-06-2013-0115; Karen Yeung, „A study of the implications of advanced digital technologies (including AI systems) for the concept of responsibility within a human rights framework“ (Counsel of Europe, 2019), Zugriff 6. Juli 2024, https://www.rm.coeint/a-study-of-the-implications-of-advanced-digital-technologies-including/168096bdab; Joe Mariani, „AI For Smarter Legislation“, Deloitte Insights, 22. September 2022, https://www.2.deloitte.com/us/en/insights/industry/public-sector/artificial-intelligence-can-benefit-the-legislative-process.html; Katharina Zweig, „Ist Künstliche Intelligenz kontrollierbar?“, Interview von Christoph König, swr.online, 17. Juni 2021, Zugriff 6. Juli 2024, https://www.swr.de/wissen/ist-kuenstliche-intelligenz-kontrollierbar-100.html.
Vgl. zur Debatte um eine mögliche Bewusstwerdung von KI, etwa auch im Falle von Googles KI LaMDA, Ann-Kathrin Nezik, „Künstliche Intelligenz: Hast du ein Bewusstsein? Ich denke schon, antwortet der Rechner“, *ZEIT ONLINE*, 15. Januar 2023, https://www.zeit.de/2023/03/ki-leben-chatbot-gefuehle-bewusstsein-blake-lemoine; Nitasha Tiku, „The Google engineer who thinks the company’s AI has come to life“, *The Washington Post*, 11. Juni 2022, https://www.washingtonpost.com/technology/2022/06/11/google-ai-lamda-blake-lemoine/.

153 Ich gehe dabei davon aus, dass derzeit noch bestehende verfassungs- und einfachgesetzliche Grenzen zugunsten einer stärkeren Automatisierung verschoben werden.

154 Anthony J. Casey und Anthony Niblett, „The Death of Rules and Standards“, *Social Science Research Network*, 1. Januar 2015, https://doi.org/10.2139/ssrn.2693826.

155 Casey und Niblett, „The Death of Rules and Standards“.

156 Siehe auch Stalder, „Sie sind überall“; Deloitte, „Government Trends 2020“, S. 33f. Siehe im Kontext zu Vorhersagemodellen Michael D. Ward, „Can We Predict Politics? Toward What End?“, *Journal Of*

Global Security Studies 1, Nr. 1 (1. Februar 2016): 80–91, https://doi.org/10.1093/jogss/ogv002.

157 Siehe in diesem Sinne generell zum Thema Intransparenz von Algorithmen Stalder, „Sie sind überall".

158 Zum Thema Explainable AI and Black Box AI im Kontext der europäischen KI-Verordnung siehe Cecilia Panigutti u. a., „The role of explainable AI in the context of the AI Act", *Facct 2023 Conference*, 12. Juni 2023, https://doi.org/10.1145/3593013.3594069.

159 Philip N. Howard u. a., „Opening Closed Regimes: What Was the Role of Social Media During the Arab Spring?", *Social Science Research Network*, 1. Januar 2011, https://doi.org/10.2139/ssrn.2595096; Fadi Salem und Racha Mourtada, „Civil Movements: The Impact Of Facebook And Twitter", *ResearchGate*, 1. Januar 2011, https://www.researchgate.net/publication/281748504_Civil_Movements_The_Impact_of_Facebook_and_Twitter.

160 Zur Rolle arabischer Medien mit Verweis auf Paul Salem von der Carnegie-Stiftung für internationalen Frieden mit einer Deutung: Ulrich Leidholdt, „Arabischer Aufstand – ein Erfolg für die ganze Region", Tagesschau.de, 16. Februar 2011.

161 Zu diesem Verständnis siehe etwa auch Merkel, wenngleich dieser die typischen Merkmale in Form von fünf Teilregimen teils anders überschreibt und weitergehend untergliedert: Wolfgang Merkel, „Die ‚eingebettete' Demokratie – Ein analytisches Konzept", *WZB-Mitteilungen* 106 (Dezember 2004), 7ff., https://bibliothek.wzb.eu/artikel/2004/f-12070.pdf.

162 Vgl. etwa Landesamt für politische Bildung Baden-Württemberg, „Demokratie und Rechtsstaatlichkeit in Polen", Zugriff 6. Juli 2024, https://osteuropa.lpb-bw.de/polen-demokratie-pressefreiheit.; Europäisches Parlament, „Pressemitteilung: Ungarn: „Zerfall der Demokratie, der Rechtsstaatlichkeit und der Grundrechte", 22. September 2015, https://www.europarl.europa.eu/news/de/press-room/20220909IPR40137/ungarn-zerfall-der-demokratie-der-rechtsstaatlichkeit-und-der-grundrechte.

163 Levitsky/Ziblatt, *Wie Demokratien sterben*, S. 17f.

164 Gemeint ist insbesondere der Politikstil Donald Trumps.

165 Nicola Abé und Felix Rettberg, „Funktionieren Diktaturen besser als Demokratien? – Interview mit Yuval Noah Harari“, *DER SPIEGEL*, Hamburg, Germany, 28. Mai 2019, https://www.spiegel.de/plus/funktionieren-diktaturen-besser-als-demokratien-a-11381966-d435-44be-9c4b-36fee646f5fa.

166 Von einer Korrelation von Glauben an demokratische Institutionen und Widerstandskraft der Demokratie geht etwa auch folgende OECD-Studie aus: OECD, „Trust in Government“, OECD, Zugriff 6. Juli 2024, https://www.oecd.org/governance/trust-in-government/; siehe ebenso mit weiteren Nachweisen Sarah Kreps und Doug Kriner, „How AI Threatens Democracy“, *Journal Of Democracy* 34, Nr. 4 (2023): 122–31, https://www.journalofdemocracy.org/articles/how-ai-threatens-democracy/.

167 Siehe Art. 79 Abs. 3 in Verbindung mit Art. 20 Grundgesetz.

168 Vgl. Richard Wike und Shannon Schumacher, „3. Satisfaction With Democracy“, Pew Research Center, 27. Februar 2020, https://www.pewresearch.org/global/2020/02/27/satisfaction-with-democracy/. Gefragt wurde nach der Zufriedenheit mit der Demokratie, die ein starkes Indiz für den Glauben in dieselbe darstellen sollte.

169 Danach schwankt der Anteil der Befragten, die nicht sehr oder überhaupt nicht zufrieden mit der Demokratie sind, zwischen 25 und 36 Prozent über die letzten Jahre. Trotz mehrheitlicher Zufriedenheit sollten diese Werte jedoch nur als befriedigend für eine Gesellschaft aller bewertet werden. Vgl. Statista, „Sind Sie mit der Art und Weise, wie die Demokratie in Deutschland funktioniert, alles in allem gesehen zufrieden?“, Zugriff 6. Juli 2024, https://de.statista.com/statistik/daten/studie/153854/umfrage/zufriedenheit-mit-der-demokratie-in-deutschland/. Siehe zum Unterschied zwischen Ost und West: Infratest-Dimap, „Zufriedenheit mit der Demokratie in West und Ost unterschiedlich“, www.infratest-dimap.de, 2019, Zugriff 6. Juli 2024, https://www.infratest-dimap.de/umfragen-analysen/bundesweit/umfragen/aktuell/zufriedenheit-mit-der-demokratie-in-west-und-ost-unterschiedlich/.

170 Körber-Stiftung, „Deutsche verlieren Vertrauen in ihre Demokratie“, Körber-Stiftung.de, 2023. Zugriff 6. Juli 2024, https://koerber-stiftung.de/projekte/staerkung-der-demokratie/vertrauensverlust-in-die-demokratie/.

171 So schenkten nur 19 Prozent der Befragten der Regierung Vertrauen und nur neun Prozent den Parteien. 50 Prozent der Befragten glaubten daneben, dass Deutschland nicht für die großen Aufgaben unserer Zeit gewappnet ist; nur 28 Prozent sahen dies klar anders.

172 More in Common und Robert Bosch Stiftung, „Studie zu Einstellungen zur Demokratie in Deutschland, Frankreich, Großbritannien, Polen und den USA", 2021, S. 129f. Zugriff 6. Juli 2024, https://www.moreincommon.de/demokratieeinstellungen/.

173 More in Common und Robert Bosch Stiftung, „Studie zu Einstellungen zur Demokratie in Deutschland, Frankreich, Großbritannien, Polen und den USA", S. 129f.

174 Statt vieler siehe Kai Strittmatter, *Die Neuerfindung der Diktatur: Wie China den digitalen Überwachungsstaat aufbaut und uns damit herausfordert* (Piper, 2018); Rachel Botsman, Big data meets Big Brother as China moves to rate its citizens, *WIRED* vom 21.10.2017, https://www.wired.co.uk/article/chinese-government-social-credit-score-privacy-invasion.

175 Siehe Sarah Kreps, R. Miles McCain und Miles Brundage, „All The News That's Fit To Fabricate: AI-Generated Text As A Tool Of Media Misinformation", *Journal Of Experimental Political Science* 9, Nr. 1 (20. November 2020): 104–17, https://doi.org/10.1017/xps.2020.37.

176 Siehe ebenso Kreps und Kriner, „How AI Threatens Democracy".

177 Siehe etwa auch Council of Europe, Algorithms and Human Rights, S. 30.

178 Martin Moore, *Democracy Hacked: How Technology is Destabilising Global Politics* (Simon and Schuster, 2018), S. 37ff., 54.

179 Siehe *Democracy Hacked: How Technology is Destabilising Global Politics*, S. 20ff., 37ff.

180 Renee DiResta u. a., „The Tactics & Tropes of the Internet Research Agency" (New Knowledge), Zugriff 6. Juli 2024, https://int.nyt.com/data/documenthelper/533-read-report-internet-research-agency/7871ea6d5b7bedafbf19/optimized/full.pdf; Robert S. Mueller, III, „Report on the Investigation Into Russian Interference in the 2016 Presidential Election" (U.S. Department of Justice, März 2019).

181 Moore, *Democracy Hacked*, S. 27ff.

182 Levitsky/Ziblatt, *Wie Demokratien sterben*, S. 203.

183 Jesse Walker, „Making Sense of a Misleading Statistic in a ‚New York Times' Story on Deepfakes", Reason.Com, 27. Januar 2023, https://reason.com/2023/01/27/that-time-we-tried-to-make-sense-of-a-statistic-in-a-new-york-times-story-on-deepfakes/. Der zugrunde liegende Europol-Bericht wurde in der Zwischenzeit korrigiert. Siehe Europol, „Facing Reality? Law Enforcement and the Challenge of Deepfakes: Update date: 13 Mar 2024", Europol, 22. April 2022, Zugriff 6. Juli 2024, https://www.europol.europa.eu/publications-events/publications/facing-reality-law-enforcement-and-challenge-of-deepfakes.

184 Europol, „Facing Reality? Law Enforcement and the Challenge of Deepfakes: Update Date: 13 Mar 2024", S. 13.

185 Darrell M. West, „How AI Will Transform The 2024 Elections", Brookings, 3. Mai 2023, https://www.brookings.edu/articles/how-ai-will-transform-the-2024-elections/.

186 Jamie Bartlett, *The People Vs Tech: How the internet is killing democracy (and how we save it)* (Penguin Random House, 2018). S. 36; Sebastian Jäckle, „Wahlempfehlungshilfen: Verlässliche Wegweiser durch das Parteiensystem", DeFacto, 10. Juli 2018, https://www.defacto.expert/2018/07/10/wahlempfehlungshilfen/.

187 Thomas Fossen und Joel Anderson, „What's The Point Of Voting Advice Applications? Competing Perspectives On Democracy And Citizenship", *Electoral Studies* 36 (1. Dezember 2014): 244–51, https://doi.org/10.1016/j.electstud.2014.04.001.

188 Ioannis Andreadis und Theodoros Chadjipadelis, „Voting Advice Applications And Their Impact On Elections", *61st Political Studies Association Annual Conference „Transforming Politics: New Synergies"* 19.–21. April 2011 London, UK, 19. April 2011, https://ikee.lib.auth.gr/record/132517/files/VAAs-Impact-on-Elections.pdf. Diego Garzia und Stefan Marschall, „Voting Advice Applications", *Oxford Research Encyclopedia Of Politics*, 26. März 2019, https://doi.org/10.1093/acrefore/9780190228637.013.620.

189 Diego Garzia und Stefan Marschall, „Voting Advice Applications".

190 Das Paket besteht aus dem Gesetz über digitale Dienste und dem Gesetz über digitale Märkte. Einschlägig ist hier ersteres.

191 West, „How AI Will Transform The 2024 Elections".

192 Eric Schmidt, „Die technologiegestützte Demokratie und ihre Feinde", *Der Standard*, 13. Januar 2023, https://www.derstandard.at/story/2000142514423/die-technologiegestuetzte-demokratie-und-ihre-feinde.

193 Siehe etwa Adam Michael, „Artificial Intelligence, Democracy and Elections", European Parliament, 19. September 2023, https://www.europarl.europa.eu/thinktank/en/document/EPRS_BRI(2023)751478; Sarah Kreps/ Doug Kreps und Kriner, „How AI Threatens Democracy".

194 Siehe dazu Jamie Susskind, *Future Politics: Living Together in a World Transformed by Tech*, S. 227ff.

195 Körber-Stiftung, „Demokratie in der Krise 2023", Körber-Stiftung.de, Zugriff 6. Juli 2024, https://koerber-stiftung.de/projekte/staerkung-der-demokratie/vertrauensverlust-in-die-demokratie/.

196 More in Common und Robert Bosch Stiftung, „Studie zu Einstellungen zur Demokratie in Deutschland, Frankreich, Großbritannien, Polen und den USA", 2021, S. 134. Zugriff 6. Juli 2024, https://www.moreincommon.de/demokratieeinstellungen/.

197 So auch Jamie Susskind, *Future Politics: Living Together in a World Transformed by Tech*, S. 240.

198 Siehe dazu etwa das Urteil des Bundesverfassungsgerichts vom 03.03.2009, Az. 2 BvC 3/07.

199 Vgl. auch Bernd Guggenberger, „‚Verflüssigung' der Politik – was dann?" – Essay, *APuZ*, 10. Oktober 2012, https://www.bpb.de/shop/zeitschriften/apuz/144103/verfluessigung-der-politik-was-dann-essay/; schon in Bezug auf Wahlen kritisch sehend: Hubertus Buchstein, „Präsenzwahl, Briefwahl, Onlinewahl und der Grundsatz der geheimen Stimmabgabe", *Zeitschrift für Parlamentsfragen* 31, Nr. 4 (Dezember 2020): 886, 901, https://www.jstor.org/stable/24231993.; Oliver Rüß, „Rechtliche Voraussetzungen und Grenzen von Online-Wahlen", in *Online-Wahlen*, hg. von H. Buchstein und H. Neymanns (Springer, 2002), 39, 43f., https://doi.org/10.1007/978-3-663-10949-5_3.

200 OECD, *Innovative Citizen Participation and New Democratic Institutions: Catching the Deliberative Wave* (OECD, 2020), 3. Key Trends, https://doi.org/10.1787/339306da-en.

201 Zu den Beispielprojekten zählen etwa das brasilianische LabHacker/e-Democracia, Decide Madrid, Parlement et Citoyens in Frankreich, UK Parliament Evidence Checks und vTaiwan.

202 OECD, *Innovative Citizen Participation and New Democratic Institutions: Catching the Deliberative Wave,* 3. Key Trends.

203 Open Government Deutschland, „Neue Übersicht über Beteiligungsmöglichkeiten", Open-Government-Deutschland.de, 9. Oktober 2020, https://www.open-government-deutschland.de/opengov-de/neue-uebersicht-ueber-beteiligungsmoeglichkeiten-1797608.

204 Siehe § 25 Absatz 3 Verwaltungsverfahrensgesetz.

205 Bertelsmann Stiftung und Staatsministerium Baden-Württemberg, Hrsg., *Partizipation im Wandel: Unsere Demokratie zwischen Wählen, Mitmachen und Entscheiden* (Bertelsmann Stiftung, 2014), https://www.bertelsmann-stiftung.de/de/publikationen/publikation/did/partizipation-im-wandel.

206 Siehe Julie Simon u. a., *Digital Democracy, Digital Democracy: The Tools Transforming Political Engagement* (Nesta, 2017), https://media.nesta.org.uk/documents/digital_democracy.pdf.

207 Julie Simon u. a., *Digital Democracy, Digital Democracy: The Tools Transforming Political Engagement*, S. 85.

208 Körber-Stiftung, „Demokratie in der Krise 2023".

209 Siehe Lily L. Tsai u. a., „Generative AI for Pro-Democracy Platforms", MIT, 27. März 2024, Zugriff 6. Juli 2024, https://doi.org/10.21428/e4baedd9.5aaf489a.

210 Berlin Institut für Partizipation, „Bürgerbeteiligung in Deutschland – ein Überblick", Bipar, 13. Juni 2019, Zugriff 6. Juli 2024, https://www.bipar.de/buergerbeteiligung-in-deutschland-ein-ueberblick/.

211 Berlin Institut für Partizipation, „Bürgerbeteiligung in Deutschland – ein Überblick".

212 Siehe Simon u. a., *Digital Democracy*, S. 83.

213 Émile Durkheim beschrieb diesen schwer zu fassenden Stoff einst als „conscience collective", also als ein kollektives Bewusstsein, das sich aus gemeinsamen Anschauungen und Gefühlen speist. Siehe Werner Fuchs-Heinritz u. a., „Kollektivbewußtsein", in *Lexikon zur Soziologie*, 3. Aufl. (VS Verlag für Sozialwissenschaften, 1994), https://doi.org/10.1007/978-3-322-91545-0_11.

214 Steffen Mau, Thomas Lux und Linus Westheuser, *Triggerpunkte: Konsens und Konflikt in der Gegenwartsgesellschaft* (Suhrkamp Verlag, 2023).

215 Siehe Bettina Fernsebner-Kokert und Walter Osztovics, „Gesellschaftlicher Zusammenhalt: Jeder will eine Insel sein", *ZEIT ONLINE*, 15. Januar 2018, https://www.zeit.de/2018/03/gesellschaftlicher-zusammenhalt-europa-studie-wir-und-die-anderen.

216 Siehe Walter Osztovics, Andreas Kovar und Bettina Fernsebner-Kokert, *Wir und die anderen – Arena Analyse 2018* (Kovar & Partners, 2018), https://www.kovarpartners.com/wir-und-die-anderen-arena-analyse-2, S. 6; Bertelsmann Stiftung, „Gesellschaftlicher Zusammenhalt in Deutschland besser als sein Ruf", 11. Dezember 2017, https://www.bertelsmann-stiftung.de/de/themen/aktuelle-meldungen/2017/dezember/gesellschaftlicher-zusammenhalt-in-deutschland-besser-als-sein-ruf; Levitsky/Ziblatt, *Wie Demokratien sterben*, S. 197ff.

217 Siehe dazu Erik Brynjolfsson und Andrew McAfee, *The Second Machine Age: Wie die nächste digitale Revolution unser aller Leben verändern wird*, 6. Aufl. (Plassen Verlag, 2016), S. 218.

218 James Manyika u. a., „Harnessing Automation for a Future That Works", *McKinsey & Company*, 12. Januar 2017, https://www.mckinsey.com/featured-insights/digital-disruption/harnessing-automation-for-a-future-that-works.

219 Michael Chui u. a., „The Economic Potential Of Generative AI: The Next Productivity Frontier".

220 McKinsey & Company, „Gen AI And The Future Of Work", Zugriff 6. Juli 2024, https://www.mckinsey.com/quarterly/the-five-fifty/five-fifty-gen-ai-and-the-future-of-work.

221 Goldman Sachs, „Generative AI Could Raise Global GDP By 7%“, 5. April 2023, https://www.goldmansachs.com/intelligence/pages/generative-ai-could-raise-global-gdp-by-7-percent.html.

222 Mike Zajko, „Artificial Intelligence, Algorithms, And Social Inequality: Sociological Contributions To Contemporary Debates“, *Sociology Compass* 16, Nr. 3 (2. Februar 2022), https://doi.org/10.1111/soc4.12962.

223 Zahlen des Quartals I/2024, siehe U.S. Federal Reserve, DFA: Distributional Financial Accounts, https://www.federalreserve.gov/releases/z1/dataviz/dfa/distribute/table/ (Zugriff 06.07.2024).

224 Michael Chui u. a., „The Economic Potential Of Generative AI: The Next Productivity Frontier“, S. 3.

225 Siehe etwa René Bormann u. a., „Wohlstand durch Produktivität: Deutschland im internationalen Vergleich“ (Friedrich-Ebert-Stiftung, März 2009), https://library.fes.de/pdf-files/wiso/06221.pdf, S. 4.

LITERATUR-VERZEICHNIS

Abé, Nicola und Felix Rettberg. „Funktionieren Diktaturen besser als Demokratien? – Interview mit Yuval Noah Harari“. *DER SPIEGEL*, 28. Mai 2019. https://www.spiegel.de/plus/funktionieren-diktaturen-besser-als-demokratien-a-11381966-d435-44be-9c4b-36fee646f5fa.

Acs, Szvetlana, Nicole Ostlaender, Giulia Listorti, Juri Hradec, Matthew Hardy, Paul Smith und Leendert Hordijk. „Modelling for EU Policy support: Impact Assessments: Analysis of the use of models in European Commission Impact Assessments in 2003-2018“. European Commission, 2019. https://publications.jrc.ec.europa.eu/repository/handle/JRC117250.

Adrian, Axel. „Der Richterautomat ist möglich – Semantik ist nur eine Illusion“. *Rechtstheorie* 48, Nr. 1 (1. März 2017): 77–121. https://doi.org/10.3790/rth.48.1.77.

Agrawal, Ajay, Joshua Gans und Avi Goldfarb. *Prediction Machines: The Simple Economics of Artificial Intelligence*. Harvard Business Press, 2018.

Alderucci, Dean. „The Automation Of Legal Reasoning: Customized AI Techniques For The Patent Field“. *Duquesne Law Review* 58, Nr. 1 (1. Januar 2020): 50. https://dsc.duq.edu/cgi/viewcontent.cgi?article=3855&context=dlr.

AlgorithmWatch. „Automating Society: Taking Stock of Automated Decision-Making in the EU“, Januar 2019. https://algorithmwatch.org/en/wp-content/uploads/2019/02/Automating_Society_Report_2019.pdf.

Anderson, Chris. „The End of Theory: The Data Deluge Makes the Scientific Method Obsolete“. *WIRED*, 23. Juni 2008. https://www.wired.com/2008/06/pb-theory/.

Andreadis, Ioannis und Theodoros Chadjipadelis. „Voting Advice Applications And Their Impact On Elections“. Conference-proceeding. *61st Political Studies Association Annual Conference „Transforming Politics: New Synergies“ 19 – 21 April 2011 London, UK*, 19. April 2011. https://ikee.lib.auth.gr/record/132517/files/VAAs-Impact-on-Elections.pdf.

Angwin, Julia, Jeff Larson, Surya Mattu und Lauren Kirchner. „Machine Bias“. *ProPublica*, 23. Mai 2016. https://www.propublica.org/article/machine-bias-risk-assessments-in-criminal-sentencing.

Arnold, Eckhart. „What's Wrong With Social Simulations?“ *The Monist* 97, Nr. 3 (2014): 359–77. https://www.jstor.org/stable/44012690.

Ashley, Kevin D. *Artificial Intelligence And Legal Analytics*. Cambridge University Press, 2017.

Ashley, Kevin D. „Automatically Extracting Meaning From Legal Texts: Opportunities and Challenges“. *Georgia State University Law Review* 35 (2019): 1117.

Bamford, James. „The NSA Is Building The Country's Biggest Spy Center (Watch What You Say)“. *WIRED*, 15. März 2012. https://www.wired.com/2012/03/ff-nsadatacenter/.

Bartlett, Jamie. *The People Vs Tech: How the internet is killing democracy (and how we save it)*. Penguin Random House, 2018.

Barton, Ben. „Modria And The Future Of Dispute Resolution“. ODR/Europe, 26. November 2015. http://www.odreurope.com/news/articles/online-dispute-resolution/1172-modria-and-the-future-of-dispute-resolution.

Berlin Institut für Partizipation. „Bürgerbeteiligung in Deutschland – ein Überblick“. Bipar, 13. Juni 2019. Zugriff 6. Juli 2024. https://www.bipar.de/buergerbeteiligung-in-deutschland-ein-ueberblick/.

Bertelsmann Stiftung. „Gesellschaftlicher Zusammenhalt in Deutschland besser als sein Ruf", 11. Dezember 2017. https://www.bertelsmann-stiftung.de/de/themen/aktuelle-meldungen/2017/dezember/gesellschaftlicher-zusammenhalt-in-deutschland-besser-als-sein-ruf.

Bertelsmann Stiftung und Staatsministerium Baden-Württemberg, Hrsg. *Partizipation im Wandel: Unsere Demokratie zwischen Wählen, Mitmachen und Entscheiden*. Bertelsmann Stiftung, 2014. https://www.bertelsmann-stiftung.de/de/publikationen/publikation/did/partizipation-im-wandel.

Beuth, Patrick. „Wie gut ist der weltbeste Chatbot wirklich?" *DER SPIEGEL*, 7. Dezember 2022. https://www.spiegel.de/netzwelt/web/chatgpt-wie-gut-ist-der-weltbeste-chatbot-wirklich-a-91cc9d19-5415-47e4-98c8-d6f878023269.

Bischoff, Paul. „Surveillance Camera Statistics: Which Are The Most Surveilled Cities?" Comparitech, 23. Mai 2023. https://www.comparitech.com/vpn-privacy/the-worlds-most-surveilled-cities/.

Bormann, René, Michael Dauderstädt, Michael Fischer, Markus Schreyer und Friedrich-Ebert-Stiftung. „Wohlstand durch Produktivität: Deutschland im internationalen Vergleich". Friedrich-Ebert-Stiftung, März 2009. https://library.fes.de/pdf-files/wiso/06221.pdf.

Botsman, Rachel. „Big Data Meets Big Brother As China Moves To Rate Its Citizens". *WIRED*, 21. Oktober 2017. https://www.wired.co.uk/article/chinese-government-social-credit-score-privacy-invasion.

Briggs, Joseph und Devesh Kodnani. „The Potentially Large Effects Of Artificial Intelligence On Economic Growth". Goldman Sachs, 26. März 2023. https://www.gspublishing.com/content/research/en/reports/2023/03/27/d64e052b-0f6e-45d7-967b-d7be35fabd16.html.

Brüggmann, Mathias und Jens Münchrath. „Das neue Kraftwerk Europas: Drei Länder sorgen für erstaunliches Wachstum im Osten". *Handelsblatt*, 29. Juni 2021. https://www.handelsblatt.com/politik/international/konjunktur-das-neue-kraftwerk-europas-drei-laender-sorgen-fuer-erstaunliches-wachstum-im-osten/27372406.html.

Brynjolfsson, Erik und Andrew McAfee. *The Second Machine Age: Wie die nächste digitale Revolution unser aller Leben verändern wird*. 6. Aufl. Plassen Verlag, 2016.

Buchstein, Hubertus. „Präsenzwahl, Briefwahl, Onlinewahl und der Grundsatz der geheimen Stimmabgabe". *Zeitschrift für Parlamentsfragen* 31, Nr. 4 (Dezember 2020): 886–902. https://www.jstor.org/stable/24231993.

Bundesministerium der Justiz. „Schutz bei überlangen Verfahren". Zugriff 6. Juli 2024. https://www.bmj.de/DE/themen/wege_zum_recht/gerichtsverfahren/ueberlange_gerichtsverfahren/ueberlange_gerichtsverfahren_node.html.

Bundesministerium des Innern. *Digitale Verwaltung 2020: Regierungsprogramm 18. Legislaturperiode*, 2014.

Casey, Anthony J. und Anthony Niblett. „The Death Of Rules And Standards". *Indiana Law Journal* 92, Nr. 4 (2017). https://doi.org/10.2139/ssrn.2693826.

Chui, Michael, Eric Hazan, Roger Roberts, Alex Singla, Kate Smaje, Alex Sukharevsky, Lareina Yee und Rodney Zemmel. „The Economic Potential Of Generative AI: The Next Productivity Frontier". *McKinsey & Company*, 14. Juni 2023. https://www.mckinsey.com/capabilities/mckinsey-digital/our-insights/the-economic-potential-of-generative-ai-the-next-productivity-frontier.

Cornyn, Zoë. „Are Brain Implants the Future of Thinking?" *The Guardian*, 22. September 2022. https://www.theguardian.com/science/2019/sep/22/brain-computer-interface-implants-neuralink-braingate-elon-musk.

Council Of Europe. „Algorithms and Human Rights – Study on the Human Rights Dimensions of Automated Data Processing Techniques and Possible Regulatory Implications". *Council Of Europe Publishing*, März 2018. https://edoc.coe.int/en/internet/7589-algorithms-and-human-rights-study-on-the-human-rights-dimensions-of-automated-data-processing-techniques-and-possible-regulatory-implications.html.

D'Amato, Anthony. „Can/Should Computers Replace Judges?" *Georgia Law Review* 11, Nr. 1977 (8. März 2011). https://papers.ssrn.com/sol3/papers.cfm?abstract_id=1781304.

Dastin, Jeffrey. „Amazon scraps secret AI recruiting tool that showed bias against women". *Reuters*, 11. Oktober 2018. https://www.reuters.com/article/us-amazon-com-jobs-automation-insight/amazon-scraps-secret-ai-recruiting-tool-that-showed-bias-against-women-idUSKCN-1MK08G.

Davies, William. „How statistics lost their power and why we should fear what comes next". *The Guardian*, 19. Januar 2017. https://www.theguardian.com/politics/2017/jan/19/crisis-of-statistics-big-data-democracy.

De Faria Joana, Ribeiro, Huiyuan Xie und Felix Steffek. „Automatic Information Extraction From Employment Tribunal Judgements Using Large Language Models". *Social Science Research Network*, 1. Januar 2024. https://doi.org/10.2139/ssrn.4776160.

Delen, Dursun. *Predictive Analytics: Data Mining, Machine Learning and Data Science for Practitioners*. 2. Aufl. Pearson Business Analytics, 2020.

Deloitte. „2021 Government Trends". Deloitte Insights, 2021. Zugriff 6. Juli 2024. https://www2.deloitte.com/us/en/insights/industry/public-sector/government-trends/2021.html.

Deloitte. „Government Trends 2020". Deloitte Insights, 2020. Zugriff 6. Juli 2024. https://www2.deloitte.com/us/en/insights/industry/public-sector/government-trends/2020.html.

Deloitte. „Government Trends 2023". Deloitte Insights, 2023. Zugriff 6. Juli 2024. https://www2.deloitte.com/us/en/insights/industry/public-sector/government-trends/2023.html.

Deloitte. „Government Trends 2024". Deloitte Insights, 2024. Zugriff 6. Juli 2024. https://www2.deloitte.com/us/en/insights/industry/public-sector/government-trends/2024.html.

Deloitte. „Legal Tech: The Legal Profession Goes Digital". Zugriff 6. Juli 2024. https://www2.deloitte.com/dl/en/pages/legal/articles/legal-tech-legal-department.html.

Di Benedetto, Andrea, Egle Basyte Ferrari, Paul Smits und Matthew Hardy. *Modelling for EU Policy Support: Analysis of the Use of Models in European Commission's Impact Assessments in 2019-2022*. Publications Office of the European Union, 2023. https://doi.org/10.2760/913901.

DiResta, Renee, Dr. Kris Shaffer, Becky Ruppel, David Sullivan, Robert Matney, Ryan Fox, New Knowledge, Dr. Jonathan Albright, Tow Center for Digital Journalism, Columbia University und Canfield Research, LLC. „The Tactics & Tropes of the Internet Research Agency". New Knowledge.

Zugriff 6. Juli 2024. https://int.nyt.com/data/documenthelper/533-read-report-internet-research-agency/7871ea6d5b7bedafbf19/optimized/full.pdf.

Doran, Peter T. und Maggie Kendall Zimmerman. „Examining The Scientific Consensus On Climate Change". *Eos* 90, Nr. 3 (20. Januar 2009): 22–23. https://doi.org/10.1029/2009eo030002.

Eagle, Nathan und Kate Greene. *Reality Mining: Using Big Data to Engineer a Better World*. MIT Press, 2014.

Edelmann, Achim, Tom Wolff, Danielle Montagne und Christopher A. Bail. „Computational Social Science And Sociology". *Annual Review Of Sociology* 46, Nr. 1 (30. Juli 2020): 61–81. https://doi.org/10.1146/annurev-soc-121919-054621.

Emcke, Carolin. „Diese Regierung hat die Lust am Lernen verloren". *Süddeutsche Zeitung*. 7. Juni 2019.

Endt, Christian. „Die Statistik erfindet sich neu". *Süddeutsche Zeitung*, 26. März 2019. https://www.sueddeutsche.de/wissen/datenwissenschaft-die-statistik-erfindet-sich-neu-1.4377781.

Ersatz-Pilot. „Legal Tech an Bord des Ersatz-Piloten und wie Ihnen das hilft". Ersatz-Pilot. Zugriff 6. Juli 2024. https://www.ersatz-pilot.de/legal-tech-an-bord-des-ersatz-piloten/.

Europäisches Parlament. „Pressemitteilung: Ungarn: „Zerfall der Demokratie, der Rechtsstaatlichkeit und der Grundrechte"", 22. September 2015. https://www.europarl.europa.eu/news/de/press-room/20220909IPR40137/ungarn-zerfall-der-demokratie-der-rechtsstaatlichkeit-und-der-grundrechte.

European Commission. „‚Better regulation' toolbox 2023", 2023.

Europol. „Facing Reality? Law Enforcement and the Challenge of Deepfakes: Update date: 13 Mar 2024". Europol, 22. April 2022. Zugriff 6. Juli 2024. https://www.europol.europa.eu/publications-events/publications/facing-reality-law-enforcement-and-challenge-of-deepfakes.

Fernsebner-Kokert, Bettina und Walter Osztovics. „Gesellschaftlicher Zusammenhalt: Jeder will eine Insel sein". *ZEIT ONLINE*, 15. Januar 2018. https://www.zeit.de/2018/03/gesellschaftlicher-zusammenhalt-europa-studie-wir-und-die-anderen.

Fiebig, Peggy. „Wie Künstliche Intelligenz Gerichten helfen könnte". *Deutschlandfunk*, 26. Oktober 2023. https://www.deutschlandfunk.de/justiz-wie-kuenstliche-intelligenz-gerichten-helfen-koennte-dlf-386e4e33-100.html.

Fossen, Thomas und Joel Anderson. „What's The Point Of Voting Advice Applications? Competing Perspectives On Democracy And Citizenship". *Electoral Studies* 36 (1. Dezember 2014): 244–51. https://doi.org/10.1016/j.electstud.2014.04.001.

Friedman, Lawrence M. *Impact: How Law Affects Behavior*. Harvard University Press, 2016.

Fuchs, Sandro, Joel Haueter, Jonas Banholzer und Lukas Augustin. *Die digitale Finanzverwaltung der Zukunft*. ZHAW School of Management und publicXdata AG, 2022. https://publicxdata.ch/wp-content/uploads/2022/12/Digitale_Finanzverwaltung.pdf.

Fuchs-Heinritz, Werner, Rüdiger Lautmann, Otthein Rammstedt und Hanns Wienold. „Kollektivbewußtsein". In *Lexikon zur Soziologie*, 3. Aufl. VS Verlag für Sozialwissenschaften, 1994. https://doi.org/10.1007/978-3-322-91545-0_11.

Garzia, Diego und Stefan Marschall. „Voting Advice Applications". *Oxford Research Encyclopedia Of Politics*, 26. März 2019. https://doi.org/10.1093/acrefore/9780190228637.013.620.

Gellner, Winand und Eva-Maria Hammer. *Policyforschung*. Oldenbourg Verlag, 2011.

Giese, Reinhard und Peter Runde. „Wirkungsmodell für die empirische Bestimmung von Gesetzeswirkungen: Modellansatz und Anwendung im Rahmen einer Wirkungsanalyse zur Pflegeversicherung". *Zeitschrift für Rechtssoziologie* 20, Nr. 1 (1999): 14–54. https://doi.org/10.1515/zfrs-1999-0102.

Gilbert, Nigel und Klaus Troitzsch. *Simulation For The Social Scientist*. 2. Aufl. Open University Press, 2005.

Goldman Sachs. „Generative AI Could Raise Global GDP By 7%", 5. April 2023. https://www.goldmansachs.com/intelligence/pages/generative-ai-could-raise-global-gdp-by-7-percent.html.

Guggenberger, Bernd. „‚Verflüssigung' der Politik – was dann?" – Essay. *APuZ*, 10. Oktober 2012. https://www.bpb.de/shop/zeitschriften/apuz/144103/verfluessigung-der-politik-was-dann-essay/.

Guo, Xiaobo, Yaojia Sun und Soroush Vosoughi. „Emotion-based Modeling of Mental Disorders on Social Media". *IEEE/WIC/ACM International Conference On Web Intelligence*, 14. Dezember 2021. https://doi.org/10.1145/3486622.3493916.

Hofman, Jake M., Duncan J. Watts, Susan Athey, Filiz Garip, Thomas L. Griffiths, Jon Kleinberg, Helen Margetts u. a. „Integrating explanation and prediction in computational social science". *Nature* 595, Nr. 7866 (2021): 181–88. https://doi.org/10.1038/s41586-021-03659-0.

Howard, Philip N., Aiden Duffy, Deen Freelon, M.M. Hussain, Will Mari und Marwa Maziad. „Opening Closed Regimes: What Was the Role of Social Media During the Arab Spring?" *Social Science Research Network*, 1. Januar 2011. https://doi.org/10.2139/ssrn.2595096.

Hutson, Matthew. „Artificial intelligence can predict which congressional bills will pass: Machine learning meets the political machine". *Science*. 21. Juni 2017. https://www.science.org/content/article/artificial-intelligence-can-predict-which-congressional-bills-will-pass.

Infratest-Dimap. „Zufriedenheit mit der Demokratie in West und Ost unterschiedlich". www.infratest-dimap.de, 2019.
Zugriff 6. Juli 2024. https://www.infratest-dimap.de/umfragen-analysen/bundesweit/umfragen/aktuell/zufriedenheit-mit-der-demokratie-in-west-und-ost-unterschiedlich/.

Jäckle, Sebastian. „Wahlempfehlungshilfen: Verlässliche Wegweiser durch das Parteiensystem". DeFacto, 10. Juli 2018. https://www.defacto.expert/2018/07/10/wahlempfehlungshilfen/.

Jann, Werner und Kai Wegrich. „Phasenmodelle und Politikprozesse: Der Policy-Cycle". In: *Lehrbuch der Politikfeldanalyse*. Herausgegeben von Klaus Schubert und Nils C. Bandelow. Walter de Gruyter, 2014.

Kar, Resa M., Basanta E. P. Thapa, Simon S. Hunt und Peter Parycek. *Recht Digital: Maschinenverständlich und automatisierbar – Impuls zur digitalen Vollzugstauglichkeit von Gesetzen*. Kompetenzzentrum Öffentliche IT, 2019. https://www.oeffentliche-it.de/documents/10181/14412/Recht+Digital+-+Maschinenverständlich+und+automatisierbar.

Kelleher, John D., Brian Mac Namee und Aoife D'Arcy. *Fundamentals Of Machine Learning For Predictive Data Analytics, Second Edition: Algorithms, Worked Examples, and Case Studies*. MIT Press, 2020.

Kelly III, John E. „Computing, cognition and the future of knowing". *How Humans And Machines Are Forging A New Age Of Understanding*. IBM, 2015. https://publicservicesalliance.org/wp-content/uploads/2015/10/Computing_Cognition_WhitePaper.pdf.

Körber-Stiftung. „Demokratie in der Krise 2023". Körber-Stiftung.de. Zugriff 6. Juli 2024. https://koerber-stiftung.de/projekte/staerkung-der-demokratie/vertrauensverlust-in-die-demokratie/.

Körber-Stiftung. „Deutsche verlieren Vertrauen in ihre Demokratie". Körber-Stiftung.de, 2023. Zugriff 6. Juli 2024. https://koerber-stiftung.de/projekte/staerkung-der-demokratie/vertrauensverlust-in-die-demokratie/.

Koll, Willy. „Welche Rolle spielen Prognosen?" *Wirtschaftsdienst* 89, Nr. 2 (1. Februar 2009): 79–100. https://doi.org/10.1007/s10273-009-0894-y.

Kremp, Matthias und Martin Jäschke. „US-Bürgerrechtler kritisieren Einsatz von Amazons Überwachungstechnik". *DER SPIEGEL*, 23. Mai 2018. https://www.spiegel.de/netzwelt/netzpolitik/amazon-rekognition-strafverfolger-bekommen-gesichtserkennung-zum-schnaeppchenpreis-a-1209063.html.

Kreps, Sarah und Doug Kriner. „How AI Threatens Democracy". *Journal Of Democracy* 34, Nr. 4 (2023): 122–31. https://www.journalofdemocracy.org/articles/how-ai-threatens-democracy/.

Kreps, Sarah, R. Miles McCain und Miles Brundage. „All The News That's Fit To Fabricate: AI-Generated Text As A Tool Of Media Misinformation". *Journal Of Experimental Political Science* 9, Nr. 1 (20. November 2020): 104–17. https://doi.org/10.1017/xps.2020.37.

Kurzweil, Ray. *How To Create A Mind: The Secret of Human Thought Revealed*. Prelude Books, 2013.

Landesamt für politische Bildung Baden-Württemberg. „Demokratie und Rechtsstaatlichkeit in Polen". Zugriff 6. Juli 2024. https://osteuropa.lpb-bw.de/polen-demokratie-pressefreiheit.

Lat, David. „How Artificial Intelligence Is Transforming Legal Research". Above The Law. Zugriff 6. Juli 2024. https://abovethelaw.com/law2020/how-artificial-intelligence-is-transforming-legal-research/.

Lazer, David M. J., Alex Pentland, Duncan J. Watts, Sinan Aral, Susan Athey, Noshir Contractor, Deen Freelon u. a. „Computational Social Science: Obstacles And Opportunities“. *Science* 369, Nr. 6507 (28. August 2020): 1060–62. https://doi.org/10.1126/science.aaz8170.

Lazer, David, Alex Pentland, Lada Adamic, Sinan Aral, Albert-László Barabási, Devon Brewer, Nicholas Christakis u. a. „Computational Social Science“. *Science* 323, Nr. 5915 (6. Februar 2009): 721–23. https://doi.org/10.1126/science.1167742.

Leidholdt, Ulrich. „Arabischer Aufstand – ein Erfolg für die ganze Region“. Tagesschau.de, 16. Februar 2011.

Levitsky, Steven und Daniel Ziblatt. *Wie Demokratien sterben: Und was wir dagegen tun können*. DVA, 2018.

Levy, Karen, Kyla Chasalow und Sarah Riley. „Algorithms And Decision-Making in The Public Sector“. *Annual Review Of Law And Social Science* 17 (7. Juni 2021): 309–34. https://www.annualreviews.org/docserver/fulltext/lawsocsci/17/1/annurev-lawsocsci-041221-023808.pdf?expires=1720420046&id=id&accname=guest&checksum=D6CEE616241933EAF07CF89143D32D23.

Li, Cheng, Jindong Wang, Kaijie Zhu, Yixuan Zhang, Wenxin Hou, Jianxun Lian und Xingxu Xie. „Large language models understand and can be enhanced by emotional stimuli“, 14. Juli 2023. https://arxiv.org/abs/2307.11760.

Luhmann, Niklas. „Politische Steuerung: Ein Diskussionsbeitrag“. In: *Macht und Ohnmacht politischer Institutionen*. Herausgegeben von Hans-Hermann Hartwich. Westdeutscher Verlag, 1989.

Manyika, James, Michael Chui, Mehdi Miremadi, Jacques Bughin, Katy George, Paul Willmott und Martin Dewhurst. „Harnessing Automation for a Future That Works“. *McKinsey & Company*, 12. Januar 2017. https://www.mckinsey.com/featured-insights/digital-disruption/harnessing-automation-for-a-future-that-works.

Mariani, Joe. „AI For Smarter Legislation“. Deloitte Insights, 22. September 2022. https://www2.deloitte.com/us/en/insights/industry/public-sector/artificial-intelligence-can-benefit-the-legislative-process.html.

Martini, Mario und David Nink. „Subsumtionsautomaten ante portas? – zu den Grenzen der Automatisierung in verwaltungsrechtlichen (Rechtsbehelfs-)

Verfahren“. *Deutsches Verwaltungsblatt* 133, Nr. 17 (1. September 2018): 1128–37. https://doi.org/10.1515/dvbl-2018-1331707.

Masson, Antoine und Gavin Robinson. *Mapping Legal Innovation: Trends and Perspectives*. Springer Nature, 2021.

Mau, Steffen, Thomas Lux und Linus Westheuser. *Triggerpunkte: Konsens und Konflikt in der Gegenwartsgesellschaft*. Suhrkamp Verlag, 2023.

Maurer, Hartmut und Christian Waldhoff. *Verwaltungsrecht*. 20. Aufl. C.H. Beck, 2020.

McFarland, Matt. „Terrorist Or Pedophile? This Start-up Says It Can Out Secrets By Analyzing Faces“. *Washington Post*, 5. Dezember 2016. https://www.washingtonpost.com/news/innovations/wp/2016/05/24terrorist-or-pedophile-this-start-up-says-it-can-out-secrets-by-analyzing-faces/.

McGrory, Kathleen, Neil Bedi und Douglas R. Clifford. „Pasco's sheriff uses data to guess who will commit crime. Then deputies 'hunt down' and harass them.“ *Tampa Bay Times*. 3. September 2020. https://projects.tampabay.com/projects/2020/investigations/police-pasco-sheriff-targeted/intelligence-led-policing/.

McKinsey & Company. „Gen AI And The Future Of Work“. Zugriff 6. Juli 2024. https://www.mckinsey.com/quarterly/the-five-fifty/five-fifty-gen-ai-and-the-future-of-work.

Merkel, Wolfgang. „Die ‚eingebettete' Demokratie – Ein analytisches Konzept“. *WZB-Mitteilungen* 106 (Dezember 2004). https://bibliothek.wzb.eu/artikel/2004/f-12070.pdf.

Mesa, Natalia. „Can The Criminal Justice System's Artificial Intelligence Ever Be Truly Fair?“ Massive Science, 13. Mai 2021. https://massivesci.com/articles/machine-learning-compas-racism-policing-fairness/.

Michael, Adam. „Artificial Intelligence, Democracy and Elections“. European Parliament, 19. September 2023. https://www.europarl.europa.eu/thinktank/en/document/EPRS_BRI(2023)751478.

Mollona, Edoardo. „Computer Simulation in Social Sciences“. *Journal of Management & Governance* 12, Nr. 2 (1. Mai 2008): 205–11. https://doi.org/10.1007/s10997-008-9049-6.

Moore, Martin. *Democracy Hacked: How Technology is Destabilising Global Politics*. Simon and Schuster, 2018.

More in Common und Robert Bosch Stiftung. „Studie zu Einstellungen zur Demokratie in Deutschland, Frankreich, Großbritannien, Polen und den USA", 2021. Zugriff 6. Juli 2024. https://www.moreincommon.de/demokratieeinstellungen/.

Morison, John und Adam Harkens. „Re-engineering Justice? Robot Judges, Computerised Courts And (Semi) Automated Legal Decision-making". *Legal Studies* 39, Nr. 4 (4. Juli 2019): 618–35. https://doi.org/10.1017/lst.2019.5.

Mueller, III, Robert S. „Report on the Investigation Into Russian Interference in the 2016 Presidential Election". U.S. Department of Justice, März 2019.

National Academies Of Sciences, Engineering, And Medicine. „Foundational Research Gaps and Future Directions for Digital Twins". National Academies Press, 1. Januar 2023. https://doi.org/10.17226/26894.

Nature. „The Rise Of Digital Twins", 26. März 2024. https://www.nature.com/collections/feicjiideh.

Nay, John J. „Predicting and Understanding Law-making With Word Vectors and an Ensemble Model". *PloS One* 12, Nr. 5 (10. Mai 2017): e0176999. https://doi.org/10.1371/journal.pone.0176999.

Nezik, Ann-Kathrin. „Künstliche Intelligenz: Hast du ein Bewusstsein? Ich denke schon, antwortet der Rechner". *ZEIT ONLINE*. 15. Januar 2023. https://www.zeit.de/2023/03/ki-leben-chatbot-gefuehle-bewusstsein-blake-lemoine.

Nink, David. *Justiz und Algorithmen*. Duncker & Humblot, 2021. https://doi.org/10.3790/978-3-428-58106-1.

Noveck, Beth Simone. *Smart Citizens, Smarter State: The Technologies of Expertise and the Future of Governing*. Harvard University Press, 2015.

OECD. „Government At A Glance 2023", 30. Juni 2023. https://www.oecd.org/en/publications/2023/06/government-at-a-glance-2023_da193b0d.html.

OECD Council On Regulatory Policy And Governance. „Recommendation of the Council on Regulatory Policy and Governance". OECD, 2. November 2012. https://doi.org/10.1787/9789264209022-en.

Online Lexikon für Psychologie & Pädagogik. „Kognition". Zugriff 6. Juli 2024. https://lexikon.stangl.eu/240/kognition/.

OpenAI. „Introducing ChatGPT". openai.com, 30. November 2022. https://openai.com/index/chatgpt/.

Open Government Deutschland. „Neue Übersicht über Beteiligungsmöglichkeiten". Open-Government-Deutschland.de, 9. Oktober 2020. https://www.open-government-deutschland.de/opengov-de/neue-uebersicht-ueber-beteiligungsmoeglichkeiten-1797608.

Osztovics, Walter, Andreas Kovar und Bettina Fernsebner-Kokert. *Wir und die anderen – Arena Analyse 2018*. Kovar & Partners, 2018. https://www.kovarpartners.com/wir-und-die-anderen-arena-analyse-2.

Oxford Insights, Hrsg. „AI Readiness Index – Oxford Insights". Oxford Insights. Zugriff 6. Juli 2024. https://oxfordinsights.com/ai-readiness/ai-readiness-index/.

Panigutti, Cecilia, Ronan Hamon, Isabelle Hupont, David Fernandez Llorca, Delia Fano Yela, Henrik Junklewitz, Salvatore Scalzo u. a. „The role of explainable AI in the context of the AI Act". *Facct 2023 Conference*, 12. Juni 2023. https://doi.org/10.1145/3593013.3594069.

Paúl, María Luisa. „A Brazilian city passed a law about water meters. ChatGPT wrote it". *The Washington Post*. 4. Dezember 2023. https://www.washingtonpost.com/nation/2023/12/04/ai-written-law-porto-alegre-brazil/.

Pentland, Alex. *Social Physics: How Good Ideas Spread – The Lessons from a New Science*. Penguin Press, 2014.

Pernice, Ingolf. *Staat 2.0? E-Government, Open Government und das Verhältnis von Staat und Bürger_Innen*. Herausgegeben von Friedrich-Ebert-Stiftung. *#digidemos. Kongress zu Digitalisierung und Demokratie. Impulssammlung*, 2012. https://library.fes.de/pdf-files/akademie/13560.pdf.

Prior, Patrick. „Auswirkungen der Digitalisierung des Rechts (Legal Tech) auf Verbraucher". Zugriff 6. Juli 2024. https://advotisement.de/legal-tech/auswirkungen-der-digitalisierung-des-rechts-legal-tech-auf-verbraucher/.

Qin, Amy. „Chinese City Uses Facial Recognition to Shame Pajama Wearers". *The New York Times*. 21. Januar 2020. https://www.nytimes.com/2020/01/21/business/china-pajamas-facial-recognition.html.

Riehm, Thomas. „Kommt der Robo Judge? Möglichkeiten und Grenzen automatisierter Entscheidungsfindung", 14. November 2023. Zugriff 6. Juli

2024. https://www.jura.uni-passau.de/irdg/veranstaltungen/ringvorlesung-legal-tech/ki-und-rechtsdurchsetzung-im-privatrecht.

Rohe, Karl. *Politik: Begriffe und Wirklichkeiten: Eine Einführung in das politische Denken*. 2. Aufl. Kohlhammer, 1994.

Roland Berger, Hrsg. „Smart City Strategy Index 2019 – The Smart City Breakaway". Roland Berger, 2019. Zugriff 6. Juli 2024. https://www.rolandberger.com/publications/publication_pdf/roland_berger_smart_city_breakaway_1.pdf.

Roose, Kevin. „The Brilliance and Weirdness of ChatGPT". *The New York Times*. 5. Dezember 2022. https://www.nytimes.com/2022/12/05/technology/chatgpt-ai-twitter.html.

Rüß, Oliver. „Rechtliche Voraussetzungen und Grenzen von Online-Wahlen". In *Online-Wahlen*, herausgegeben von H. Buchstein und H. Neymanns, 39–50. Springer, 2002. https://doi.org/10.1007/978-3-663-10949-5_3.

Rumpe, Bernhard, Sabine Gandenberger, Roland Krebs, Judith Michael, Oliver Kautz, Uli Weber und Janos Standt. *Digitalisierung der Gesetzgebung zur Steigerung der digitalen Souveränität des Staates*. NEGZ, 2021. https://doi.org/10.30418/2626-6032.2021.19.

Russell, Matthew A. und Mikhail Klassen. *Mining The Social Web: Data Mining Facebook, Twitter, LinkedIn, Google+, GitHub, And More*. 3. Aufl. O'Reilly Media, 2019.

Salem, Fadi und Racha Mourtada. „Civil Movements: The Impact Of Facebook And Twitter". *ResearchGate*, 1. Januar 2011. https://www.researchgate.net/publication/281748504_Civil_Movements_The_Impact_of_Facebook_and_Twitter.

Sanders, Nathan E. und Bruce Schneier. „How AI Could Write Our Laws". *MIT Technology Review*, 14. März 2023. https://www.technologyreview.com/2023/03/14/1069717/how-ai-could-write-our-laws.

Schaaff, Kristina, Caroline Reinig und Tim Schlippe. „Exploring ChatGPT's Empathic Abilities". *11th International Conference On Affective Computing And Intelligent Interaction (ACII)*, 2023. https://arxiv.org/abs/2308.03527.

Schefbeck, Günther und Hannes Stefko. „Modellierung und Simulation in der Rechtsfolgenabschätzung". *Linzer Legistik-Gespräche*, 2015.

Schmidt, Eric. „Die technologiegestützte Demokratie und ihre Feinde". *Der Standard*, 13. Januar 2023. https://www.derstandard.at/story/2000142514423/die-technologiegestuetzte-demokratie-und-ihre-feinde.

Schoen, Harald, Daniel Gayo-Avello, Panagiotis Takis Metaxas, Eni Mustafaraj, Markus Strohmaier und Peter A. Gloor. „The Power of Prediction with Social Media". *Internet Research* 23, Nr. 5 (14. Oktober 2013): 528–43. https://doi.org/10.1108/intr-06-2013-0115.

Schrader, Paul T. „Automatisierung der Rechtsanwendung". *BRAK-Mitteilungen*, 2020, 62, 63.

Schubert, Klaus und Nils C. Bandelow. *Lehrbuch der Politikfeldanalyse*. Walter de Gruyter GmbH & Co KG, 2014.

Schubert, Klaus und Martina Klein. *Das Politiklexikon: Begriffe, Fakten, Zusammenhänge*, 2011.

Schulz, Bailey. „DoNotPay Says It's Pivoting From Plans To Argue Speeding Tickets in Court With AI". *USA TODAY*, 9. Januar 2023. https://www.usatoday.com/story/tech/2023/01/09/first-ai-robot-lawyer-donotpay/11018060002/.

Schuppan, Tino, Stefani Köhl und Thomas Off. „Vollzugsorientierte Gesetzgebung durch eine Vollzugssimulationsmaschine". NEGZ, 2018. Zugriff 6. Juli 2024. https://negz.org/publikation/vollzugsorientierte-gesetzgebung/.

Sgueo, Gianluca. *Using Technology to "Co-create" EU Policies*. European Parliamentary Research Service, 2020.

Shepherd, Jason. „Digital Twins And Public Policy". techUK, 4. Oktober 2023. https://www.techuk.org/resource/digital-twins-and-public-policy.html.

Siegel, Eric. *Predictive Analytics: The Power to Predict Who Will Click, Buy, Lie, or Die*. John Wiley & Sons, 2016.

Simon, Julie, Theo Bass, Victoria Boelman und Geoff Mulgan. „Digital Democracy: The tools transforming political engagement". Nesta, Februar 2017. https://www.nesta.org.uk/report/digital-democracy-the-tools-transforming-political-engagement/.

Smith, Christopher, Afra Mashadi und Licia Capra. „Ubiquitous Sensing for Mapping Poverty in Developing Countries". *Ucl*, 6. März 2016. https://www.academia.edu/22907720/Ubiquitous_Sensing_for_Mapping_Poverty_in_Developing_Countries.

SPIEGEL, DER. „Umstrittenes Überwachungsprogramm in Florida – Wir hoffen, dass Sie Ihr Leben verbessern". *DER SPIEGEL*, 27. Juli 2021. https://www.spiegel.de/panorama/justiz/florida-wie-die-polizei-in-pasco-ein-ueberwachungsprogramm-als-lebenshilfe-verkauft-a-e1f-64be7-ebde-4e41-bb17-3a0d5288edf8?sara_ecid=soci_upd_KsBF0AFjflf0DZCxpPYDCQgO1dEMph.

Stalder, Felix. „Sie sind überall". Interview von Peter Laudenbach. *Brand Eins*. Zugriff 6. Juli 2024. https://www.brandeins.de/magazine/brand-eins-thema/innovation-2017-laeuft/sie-sind-ueberall.

Statista. „Sind Sie mit der Art und Weise, wie die Demokratie in Deutschland funktioniert, alles in allem gesehen zufrieden?" Zugriff 6. Juli 2024. https://de.statista.com/statistik/daten/studie/153854/umfrage/zufriedenheit-mit-der-demokratie-in-deutschland/.

Streeck, Wolfgang. „Von der Gesellschaftssteuerung zur sozialen Kontrolle, Rückblick auf ein halbes Jahrhundert Soziologie in Theorie und Praxis". *Blätter für deutsche und internationale Politik* 1 (2015).

Strittmatter, Kai. *Die Neuerfindung der Diktatur: Wie China den digitalen Überwachungsstaat aufbaut und uns damit herausfordert*. Piper, 2018.

Süddeutsche Zeitung. „‚Frida' und ‚Frauke': Frankfurter Amtsgericht setzt auf KI". *Süddeutsche Zeitung*. 17. Juli 2023. https://www.sueddeutsche.de/panorama/verfahren-frida-und-frauke-frankfurter-amtsgericht-setzt-auf-ki-dpa.urn-newsml-dpa-com-20090101-230717-99-431783.

Susskind, Jamie. *Future Politics: Living Together in a World Transformed by Tech*. Oxford University Press, 2018.

Susskind, Richard. *Online Courts and the Future of Justice*. Oxford University Press, 2019.

Susskind, Richard. *The Future of Law: Facing the Challenges of Information Technology*. Oxford University Press, 1987.

Susskind, Richard. *Tomorrow's Lawyers: An Introduction to Your Future*. 2. Aufl. Oxford University Press, 2017.

Tiku, Nitasha. „The Google engineer who thinks the company's AI has come to life". *The Washington Post*. 11. Juni 2022. https://www.washingtonpost.com/technology/2022/06/11/google-ai-lamda-blake-lemoine/.

Tsai, Lily L., Alex Pentland, Alia Braley, Nuole Chen, José Ramón Enríquez und Anka Reuel. „Generative AI for Pro-Democracy Platforms". MIT, 27. März 2024. Zugriff 6. Juli 2024. https://doi.org/10.21428/e4baedd9.5aaf489a.

UK Government. „Guidance to civil servants on use of generative AI: General principles on the government's use of generative AI, which can be used to create new text, images, video, audio, or code", 29. Januar 2024. Zugriff 6. Juli 2024. https://www.gov.uk/government/publications/guidance-to-civil-servants-on-use-of-generative-ai.

United Nations. „E-Government Survey 2020". Zugriff 6. Juli 2024. https://publicadministration.un.org/egovkb/en-us/Reports/UN-E-Government-Survey-2020.

United Nations. „E-Government Survey 2022". Zugriff 6. Juli 2024. https://publicadministration.un.org/egovkb/en-us/Reports/UN-E-Government-Survey-2022.

Universiteit van Amsterdam. „Project Description". University Of Amsterdam, 11. Mai 2021. https://www.uva.nl/en/about-the-uva/organisation/faculties/amsterdam-law-school/research/research-themes/digital-transformation/project-description.html?cb.

Urban, Tim. „Neuralink and the Brain's Magical Future", 20. April 2017. https://waitbutwhy.com/2017/04/neuralink.html#part6.

U.S. Congress, Office Of Technology Assessment. „Federal Government Information Technology: Management, Security, and Congressional Oversight. 1986. 167." U.S. Congress, Februar 1986. Zugriff 6. Juli 2024. https://www.princeton.edu/~ota/disk2/1986/8611/861101.PDF.

von Lucke, Jörn, Jan Etscheid und Fotios Fitsilis. „Using Artificial Intelligence For Legislation – Thinking About And Selecting Realistic Topics". *EGOV-CeDEM-ePart 2022*, 2022. Zugriff 6. Juli 2024. https://ceur-ws.org/Vol-3399/paper3.pdf.

Wagner, Jens. *Legal Tech und Legal Robots: Der Wandel im Rechtswesen durch neue Technologien und Künstliche Intelligenz*. Springer Gabler, 2020. https://doi.org/10.1007/978-3-658-28555-5.

Walker, Jesse. „Making Sense of a Misleading Statistic in a 'New York Times' Story on Deepfakes". Reason.Com, 27. Januar 2023. https://reason.com/2023/01/27/that-time-we-tried-to-make-sense-of-a-statistic-in-a-new-york-times-story-on-deepfakes/.

Ward, Michael D. „Can We Predict Politics? Toward What End?" *Journal Of Global Security Studies* 1, Nr. 1 (1. Februar 2016): 80–91. https://doi.org/10.1093/jogss/ogv002.

Wee, Sui-Lee und Paul Mozur. „China uses DNA to map faces". *The New York Times*. 22. Oktober 2021. https://www.nytimes.com/2019/12/03/business/china-dna-uighurs-xinjiang.html.

West, Darrell M. „How AI Will Transform The 2024 Elections". Brookings, 3. Mai 2023. https://www.brookings.edu/articles/how-ai-will-transform-the-2024-elections/.

Wiesenthal, Wolfgang. *Gesellschaftssteuerung und gesellschaftliche Selbststeuerung*. VS Verlag für Sozialwissenschaften, 2006.

Wike, Richard und Shannon Schumacher. „3. Satisfaction With Democracy". Pew Research Center, 27. Februar 2020. https://www.pewresearch.org/global/2020/02/27/satisfaction-with-democracy/.

Witten, Ian H., Eibe Frank, Mark A. Hall und Christopher J. Pal. *Data Mining: Practical Machine Learning Tools And Techniques*. 4. Aufl. Elsevier, 2016.

World Economic Forum. „Digital Twin Cities: Framework and Global Practices", 2022. https://www3.weforum.org/docs/WEF_Global_Digital_Twin_Cities_Framework_and_Practice_2022.pdf.

Wu, Jun. „Empathy in Artificial Intelligence". *Forbes*, 18. Dezember 2019. https://www.forbes.com/sites/cognitiveworld/2019/12/17/empathy-in-artificial-intelligence/?sh=46eea01a6327.

Yeung, Karen. „A study of the implications of advanced digital technologies (including AI systems) for the concept of responsibility within a human rights framework". Counsel of Europe, 2019. Zugriff 6. Juli 2024. https://rm.coe. int/a-study-of-the-implications-of-advanced-digital-technologies-including/168096bdab.

Zajko, Mike. „Artificial Intelligence, Algorithms, And Social Inequality: Sociological Contributions To Contemporary Debates". *Sociology Compass* 16, Nr. 3 (2. Februar 2022). https://doi.org/10.1111/soc4.12962.

Zweig, Katharina. „Ist Künstliche Intelligenz kontrollierbar?“ Interview von Christoph König. swr.online, 17. Juni 2021. Zugriff 6. Juli 2024. https://www.swr.de/wissen/ist-kuenstliche-intelligenz-kontrollierbar-100.html.